KB214885

영어 초등에 놓치면 고등에 무너진다

20여 년 가까이 알파벳에서 고등 수준의 영어까지 성장시킨

상위 3%를 만들어온 원장의 현실 조언!

영어 초등에 놓치면 고등에 무너진다

20여 년 가까이 알파벳에서 고등 수준의 영어까지 성장시킨

상위 3%를 만들어온 원장의 현실 조언!

ⓒ 제갈세나, 2025

초판 1쇄 발행 2025년 5월 23일

지은이	제갈세나
펴낸이	이기봉
편집	좋은땅 편집팀
펴낸곳	도서출판 좋은땅
주소	서울특별시 마포구 양화로12길 26 지월드빌딩 (서교동 395-7)
전화	02)374-8616~7
팩스	02)374-8614
이메일	gworldbook@naver.com
홈페이지	www.g-world.co.kr

ISBN   979-11-388-4297-6 (03370)

영어 초등에 놓치면 고등에 무너진다

20여 년 가까이 알파벳에서
고등 수준의 영어까지 성장시킨

상위 3%를 만들어온
원장의 현실 조언!

제갈세나 지음

좋은땅

목차

제1부 영어 교육에 대한 오해와 진실 — 7

Q1. 영어는 모국어처럼 배워야 하는 거 아닌가요? — 8

Q2. 영어는 타고난 언어능력이 있어야 잘할 수 있지 않나요? — 14

Q3. 영어는 원어민에게 배워야 더 잘 배우지 않을까요? — 19

Q4. 공부머리는 타고 난다는데, 영어도 그렇지 않나요? — 26

제2부 기대와 외부 요소에 대한 오해 — 35

Q5. 아이가 영어를 즐겁게 생각해서 잘했으면 좋겠어요. — 36

Q6. 영어실력은 부모님의 재력하고도 상관이 있는 것 같아요. — 40

**제3부 영어 학습의 기초 다지기:
파닉스와 독서 및 커리큘럼의 핵심** — 49

Q7. 파닉스가 가장 쉬운 거 아닌가요? — 50

Q8. 아이가 파닉스만 하고 있는데도 영어를 싫어해요.
아직은 그래도 게임식으로 영어를 학습하는 게 좋지 않을까요? — 57

Q9. 영어학습법은 아이들마다 다르지 않나요? — 65

Q10. 영어 원서를 많이 읽으면 영어가 저절로 되지 않을까요? — 71

Q11. 원서로 된 책을 읽히기 전에 한국어로 된 책부터 읽히는 게
좋다던데요. — 76

제4부 **학습 환경 선택과 학원 운영에 관한 오해** - 79

Q12. 어학원과 일반학원에서의 영어는 다르지 않나요? - 80

Q13. 영어문법은 고학년부터 시작해야 한다고 들었어요. - 83

Q14. 학원에 맡기면 영어 실력은 알아서 늘어야 하는 것 아닌가요? - 88

Q15. 저는 근무로 늘 바빠서 아이가 활동하는 시간에 맞춰서 함께해

　　　주기 어려워요. 그래서 학원에서 다 알아서 해줬으면 좋겠어요. - 98

제5부 **아이의 실력 평가와 효과적인 교수법** - 105

Q16. 우리 아이가 열심히 영어를 하긴 하는 것 같은데 도통 얼마만큼의

　　　실력인지는 가늠이 안 돼요 - 106

Q17. 영어는 어떻게 배우게 해야 좋을까요? - 111

Q18. 그렇다면 아이들에게 어떻게 영어를 가르쳐야 할까요? - 120

Q19. 파닉스를 모두 제대로 익힌 우리 아이들은 그 다음 어떻게

　　　영어 학습을 이어 가야 할까요? - 124

제1부

영어 교육에 대한 오해와 진실

많은 학부모와 교사들이 영어 교육에 대해 "영어는 모국어처럼 배워야 한다", "타고난 언어능력이 있어야 한다", "원어민에게만 배워야 한다" 등 여러 오해를 가지고 있습니다.

그러한 흔한 오해들을 구체적인 사례와 연구 결과를 바탕으로 분석하며, 아이들이 올바른 학습 환경에서 성장할 수 있도록 하는 진실을 함께 살펴보고자 합니다.

이 장에서는 영어를 모국어처럼 배우게 해야 한다는 환상과, 영어 실력이 단지 타고난 능력에만 의존한다는 오해를 집중적으로 다룹니다.

Q1.

영어는 모국어처럼 배워야 하는 거 아닌가요?

영어시장에서 영어를 모국어처럼 학습해야 한다는 것이 마치 최상의 영어학습법처럼 많은 사람들에게 인식되어 있습니다. 그렇다면 영어 한마디 일상생활에서 하지 않는 대한민국에서 아이들이 모국어처럼 영어를 배울 수 있을까요?

영어를 모국어처럼 학습시키기 위해선 영어를 모국어와 같은 환경에서 지도해야 합니다. 즉, 일상생활의 모든 것이 영어로 진행되어야 한다는 것을 뜻합니다.

일례로 일상생활은 한국어로 하면서 국제학교를 다니는 한 아이가 있었습니다. 2학년 남자아이로 영어로만 수업하는 학원에 다니다가 아이가 영어학원 가기를 너무 싫다고 해서 부모님이 학원을 그만두고 처음부터 다시 학습시킨다는 마음으로 저에게 아이를 맡기셨습니다. 그 아이는 파닉스까지만 학습 후 아버지의 의견으로 곧 국제학교에 진학하게 됩니다.

학교의 모든 수업은 외국인 선생님들에 의해 영어로 진행되었습니다.

우리는 늘 오해하고 있는 것이 있는데, 그것은 아이들은 어른들보다 빨리 배운다고 생각하는 것입니다. 사실 아이들이 언어를 더 빨리 습득하는 것은 아니라고 합니다. EBS의 한 교육 프로그램에서 어린이들과 어른들을 대상으로 실험을 했습니다.

어린아이들과 어른들에게 같은 시간 동안 중국어를 학습하도록 실험을 해서 누구의 언어 습득력이 더 높은가를 알아보는 실험이었습니다. 우리 대부분의 사람들의 예상과 다르게 새로운 언어를 습득하고 구사하는 능력은 어른들에게서 더 탁월한 성과를 보였습니다. 그렇다면 왜 우리는 아이들이 언어를 더 잘 익힌다고 생각한 것일까요? 그 답은 이민 가정들을 통해 보여졌습니다. 이민을 간 아이들의 경우 대부분의 시간을 그 나라의 언어를 사용하는 곳에서 보냈습니다. 그와 반대로 어른들은 그렇지 못했죠. 그래서 방송에서는 언어 습득이 아이들의 경우 훨씬 탁월하다기보다 언어 노출과 사용 시간에 의해 언어 습득력에서 차이가 난다고 결론지었습니다.

언어 습득 속도: 어린이 vs 성과

일반적 인식
어린이가 더 빠르게
습득한다고 믿음

EBS 실험결과
성인이 더 빠른 언어
습득 능력보임

실제 차이점
노출과 사용 시간의
차이가 결정적

그렇다면, 타의에 의해서 국제학교로 전학을 가게 된 2학년 친구는 어떻게 되었을까요? 아이가 학교에서 생활하는 시간은 오전 9시에서 오후 3시 정도까지였고, 그 외의 모든 시간들은 한국어로 가르치는 학원들을 다니고 집에서도 한국어로 생활을 했습니다. 결국 그 친구는 2년만 다니고 다시 일반학교로 돌아와야 했습니다. 그 아이의 부모님과 선생님인 제가 알게 된 놀라운 점은 영어학원에서 배운 만큼만 영어가 늘었다는 사실이었습니다. 즉 영어에 대한 아무런 기반 없이 영어로 수업하는 학교를 보낸다고 해서 영어가 저절로 늘지 않았다는 것이죠. 저는 일반학교로 아이를 전학시키신 아버님의 결정을 진심으로 지지했습니다. 그 이유는 초등·중등 때부터 교과목도 어려워지기 시작하고 어휘도 폭발적으로 늘어나는 시기인데, 국제학교를 다니다 보니, 영어에서 어휘실력이 폭발적으로 늘지 않았을 뿐만 아니라 나중엔 국어 어휘 실력에서도 문제가 발생하게 되었기 때문입니다.

언어 발달의 균형

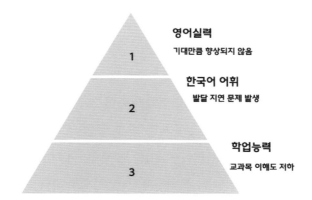

영어실력
기대만큼 향상되지 않음
1

한국어 어휘
발달 지연 문제 발생
2

학업능력
교과목 이해도 저하
3

　모국어의 역량이 떨어지면 외국어의 역량 역시 떨어진다는 것은 언어학자들 사이의 공통된 의견입니다. 그래서 저는 그 친구가 국제학교가 아닌 일반학교로 다시 전학을 하게 된 것에 대해서 정말 다행이라고 생각했습니다. 그렇다고 국제학교의 커리큘럼에 문제가 있다는 것은 아닙니다. 영어의 기본이 되어 있는 친구들이 국제학교에서 교육을 받는다면 그 친구들은 영어를 자유롭게 구사하며 영어로도 얼마든지 어휘력과 지식을 쌓을 수 있을 것입니다. 국제학교에 대한 예를 든 것은 영어에 아무런 기반도 없이 단지 노출량으로 영어를 잘할 수 있게 되는 것은 쉽지 않은 일이라고 말하고자 한 것입니다. 이것은 영어를 생활에서 전혀 쓰지 않는 대한민국에서 그만큼 모국어처럼 영어를 학습하는 것이 얼마나 어려운가를 독자 여러분들이 공감해 주시길 바라는 마음에서 한 사례를 소개한 것입니다.

그렇다면 학원에서 영어를 학습하는 것과 학교에서 영어를 사용하는 것에 어떤 차이가 있었기에 이 친구는 학교에서의 영어를 잘 받아들일 수 없었을까요? 학원에서 공부한 만큼만 영어가 늘었던 것은 학원에서는 영어를 이해하면서 학습한 것이고, 국제학교에서는 영어를 분위기와 눈치, 감으로 하다 보니 노출량만큼 영어 실력으로 이어지지 않았다는 것을 알 수 있습니다.

모든 아이들이 다 같지는 않을 것입니다. 분명 언어의 노출량만으로도 영어를 잘하는 아이들도 있겠지요. 하지만 필자인 제가 영어를 가르치며 느낀 것은 대부분의 아이들은 감으로 영어를 학습하기보다 영어를 이해하면서 학습했을 때 더 큰 발전을 보였습니다.

효과적인 영어 학습 방법

1 이해중심

2 단계적 접근

3 실제 사용

결론 : 균형 잡힌 영어 교육

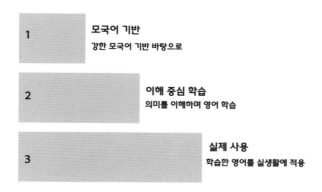

1 **모국어 기반**
강한 모국어 기반 바탕으로

2 **이해 중심 학습**
의미를 이해하며 영어 학습

3 **실제 사용**
학습한 영어를 실생활에 적용

Q2.

영어는 타고난 언어능력이 있어야 잘할 수 있지 않나요?

영어 선생님에서 어학원의 원장이 되기까지 많은 시간 영어 교육을 해 오고 있는 저에게 주변의 많은 지인들이 '멋있다, 부럽다, 역시 영어는 언어적 능력이 타고 나야 한다.' 등의 말씀을 더러 하십니다. 정말 영어는 언어능력을 타고나야 잘하는 것일까요? 영어 교육에 오래 몸담고 있다 보니, 주변의 많은 선생님들, 원장님들과 교류를 하게 됩니다. 선생님들이나 원장님들과의 대화에서 대부분을 차지하는 것이 리딩 교재는 무엇을 쓰느냐, 아이들이 학년에 따라 어떤 교재를 하느냐입니다. 제 주변의 많은 선생님이나 원장님들은 저의 학원의 아이들이 유독 영특한 아이들이라고 말을 합니다. 그리고는 '이 동네는 아이들의 학업 실력이 그다지 높지 않아서 아이들 영어도 그렇다.'라고 하시는 경우도 있었습니다.

흔한 오해 : 타고난 언어 능력

1 일반적 인식
영어는 타고난 언어 능력이 필요하다는 믿음

2 교육자의 경험
오랜 영어 교육 경험을 통한 다른 시각

3 실제 현실
대부분의 아이들이 교육의 질에 영향을 많이 받음

영어 교육자로서 저는 아이들에게 항상 말하기를 '영어가 너희들의 미래의 꿈에 걸림이 되지 않게 해 줄 것이다. 영어가 너희들의 미래의 꿈을 펼치는 데 도움닫기가 되게 할 것이다.'라는 말을 종종 합니다. 그러다 보니, 생활영어가 문제가 아니라 입시에서 영어의 난이도가 급격히 올라가면서, 아이들의 학습에도 속도를 붙이지 않을 수 없게 되었습니다. 예전보다 더 많은 단어를 외우게 하고 영어 실력을 높이기 위해서 리딩서 역시 문장력을 확장시키는 교재를 사용하다 보니 영어 시작 1년 6개월 만에 본원의 아이들은 중학생을 위한 리딩서, 문법서를 공부합니다.

1 난이도 상승

2 학습 속도

3 어휘력 강화

그렇다면 본원에만 특별한 아이들이 모여서 그런 것일까요? 흔히 사람들은 대한민국에 큰 애정을 가지고 사회의 많은 면들을 긍정적으로 바라보는 현상들에 대해 '국뽕'이라는 표현을 쓰는데요. 제가 그런 사람들 중의 하나가 아닌가 싶습니다. 아이들을 지도하면서 느낀 것은 대한민국 아이들이 얼마나 우수하고 똑똑한가에 대한 것입니다. 일례로 우리 2학년 친구들은 현재완료를 사용해서 문장을 구사하고 과거완료나 가정법이 쓰인 글도 올바르게 해석해 냅니다. 즉 대한민국 아이들이, 우리 민족이 특별하다는 생각이 들지 않을 수가 없었습니다. 사실, 2학년 아이들에게 현재완료와 과거완료를 설명하고 가르치게 된 데에는 미국 교과서를 해석해야 하다 보니, 전보다 이른 나이의 아이들에게 설명하게 된 것이었습니다. 그런데 놀랍게도 우리 아이들은 정말 아직도 유치원생처럼 조그마한 친구까지도, 배운 내용을 바탕으로 해석하고 현재완료나 가정법을 가지고 예문을 만드는데 척척 대답을 해내는 걸 보고 저 역시 깜짝 놀랐습니다. 그래서 저는 대한민국의 아이들 중 특별한 언어능력이 있는 아이들이 월등히 영어를 잘한다는 의견에 대해 저는 감히 말하건대, 아이의 문제가 아니라 가르치는 교수자의 생각이, 아이들에게 영어를 가르치는 접근방법에 따라 아이들의 영어 실력이 달라지지 않았나 생각하게 됩니다.

한국 아이들의 놀라운 학습 실력

1 초등 저학년의 실력
어린 나이에도 복잡한 문법 이해

2 예문 만들기
배운 내용을 바탕으로 예문 생성

3 빠른 적용력
새로운 개념의 즉각적인 활용

영어 학습의 진실

타고난 능력?
능력의 문제가 아님

학습법의 중요성
올바른 학습 방법의 중요성

개인차 인정
각자의 학습 속도 존중

    그러니 이 글을 읽고 계실 학부모님들은 부디 본인이 영어를 못하는 것이 능력이 부족하다고 생각하실 것도 아니요, 내 아이가 영어를 어려워한다는 것도 아이의 능력이 부족해서가 아니요, 다만 지금껏 배워 왔던 학습법이 옳지 않아서 그럴 수 있다는 사실을 꼭 알아주셨으면 합니다.

Q3.

영어는 원어민에게 배워야 더 잘 배우지 않을까요?

　많은 어학원에서 어학원의 강점으로 내세우는 것이 원어민 강사를 활용한 영어 학습의 효과가 크다는 것입니다. 과연 그럴까요? 영어로만 수업이 모두 이루어지는 학원에서 7살부터 학습한 한 친구가 있었습니다. 초등 3학년이 되어서 아이의 엄마는 아이가 더 이상의 그 학원의 커리큘럼을 제대로 따라가고 있는 것 같지 않다고 말씀하시며 상담을 해 오셨습니다. 아이를 테스트해 본 결과 기본적인 문장조차 정확하게 아는 것이 아니라 맞은 문제들은 대부분 감에 의한 것이어서 같은 유형의 문제임에도 오답을 여러 개 만들어 내었습니다.

원어민 강사의 신화

1 일반적 믿음
원어민에게 배우면 영어를 더 잘 배운다.

2 현실
항상 효과적이지 않을 수 있음

3 사례
7살부터 원어민 수업, 3학년 때 기본 문장도 만들기 어려워 함

　예를 들어 영어가 아닌 스페인어와 같은 언어를 배운다고 생각해 보겠습니다. 스페인인 선생님이 모든 말들을 스페인어로 설명하며 스페인어를 학습한다면, 얼마만큼 빨리 스페인어가 늘 수 있을까요? 아마도 인사말이나 간단한 단어들은 그림을 통해서 이해하면서 따라갈 수 있을 것입니다. 하지만 글로만 쓰여 있는 긴 문장에 대한 해석은 가능할까요? 혹은 긴 문장을 스페인어 단어들을 활용해서 의미에 맞게 쓰는 것은 어떨까요? 필자의 경우, 스페인어 학습이 초기에 괜찮지만 시간이 지나면 지날수록 너무 어렵게 느껴질 것 같습니다. 그렇다면 우리 아이들의 경우는 어떨까요? 어른들은 아이들은 스펀지 같아서 빨리 습득한다고 많이들 오해하십니다. 이것이 오해인 것은 앞서 EBS의 방송의 사례를 통해 이미 언급했는데요, 이런 오해를 가지고 아

이를 바라보니, 아이가 당연히 어려워할 법한 것들을 많은 학부모님들은 '내 아이가 부족해서', 혹은 '언어적 감각은 많이 뒤떨어졌기 때문에 그러는 것일 것이다'라고 치부하기 쉽습니다.

외국어 학습의 어려움

스페인어 예시
모든 설명을 스페인어로 한다면 이해가 어려워짐

초기단계
간단한 단어, 인사말과 같은 쉬운 것들은 학습이 가능함

고급단계
긴 문장 해석과, 정확하지 않은 이해로는 작문이 어려움

원어민 강사에게 영어를 배우는 것이 나쁘다가 아니라 원어민 강사의 역할이 한국인 영어 강사보다 월등하고 더 나은 교육을 할 것이라는 것이 얼마나 우리의 환상인가를 말하고자 합니다.

원어민 강사의 역할

환상 깨기
항상 더 나은 교육을 제공하지는 않음

1

2 **장점**

3 **한계**

반대로 한국인 영어 강사들은 대부분 영어를 외국어로써 학습을 한 학습의 경험을 가지고 있습니다. 물론 한국인 영어 강사님들 중 영어를 제2언어처럼 자유롭게 구사하고, 외국에서 교포생활을 통해 영어를 학습한 것이 아니라 대한민국에서 교포들만큼 영어를 잘 구사할 수 있는 선생님들에 대해 말하고자 합니다. 그런 선생님들은 아이들과 마찬가지로 영어를 학습함에 있어 무엇이 어렵고 힘들었는지 미리 경험을 했고, 또 영어와 한국어의 차이가 어떠한지를 알고 계시기 때문에 외국인 강사들보다 더 많은 정보를 더 적은 시간을 활용해서 효율적으로 전달할 수 있습니다.

한국인 영어강사의 장점

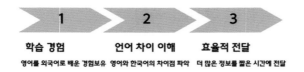

1	2	3
학습 경험	언어 차이 이해	효율적 전달
영어를 외국어로 배운 경험보유	영어와 한국어의 차이점 파악	더 많은 정보를 짧은 시간에 전달

그래서 본원에서는 외국인 선생님과 한국인 선생님의 영어교육의 역할에 분명한 차이가 있습니다. 외국인 영어 선생님은 아이들이 배운 영어 지식을 활용하고 확장하도록 지도하고 있

으며 한국인 영어 선생님은 한국어를 어떻게 영어로 쓰고 말할지, 혹은 영어로 된 지문을 어떻게 정확하게 해석할지를 가르치고 있습니다. 다시 외국인 선생님에게서 영어로만 영어 교육을 받은 친구의 이야기도 돌아가 보겠습니다.

학생의 심리적 장벽

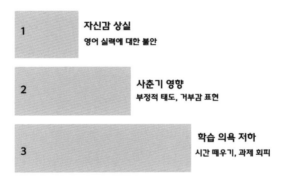

1 자신감 상실
영어 실력에 대한 불안

2 사춘기 영향
부정적 태도, 거부감 표현

3 학습 의욕 저하
시간 떼우기, 과제 회피

　이 아이의 어머니의 경우 아이를 테스트해 본 결과 파닉스조차도 잘 안 되어 있어서 이제라도 파닉스부터 다시 차근차근 해서 올려 달라고 하셨습니다. 그래서 파닉스반 아이들과 수업을 해 보니 아이는 꽤 영특한 편이었습니다. 그래서 아이와 아이 엄마를 설득해서 바로 리딩반으로 올리게 되었습니다. 사실 오히려 아이가 극렬히 반대했지만요. 교사라는 직업은 단지 지식만을 전달하는 직업으로 그치는 것이 아닙니다. 교사는 아이의 성향까지도 파악해서 교육에 접근해야 합니다. 아이가 그렇게 극렬히 리딩반으로 올라가기 싫어했던 이유는 이미 지난번 학원에서 자신감 있게 영어를 할 수 없어서, 스스로 바보가 된 것 같은 기분을 느꼈기 때문이었습니다. 교사로서 저는 아이가 자신을 먼저 믿어 줄 수 있도록 용기를 불어넣어 주어야 했습니다. 하지만 생각처럼 쉬운 일은 아니었습니다. 이 아이 또래의 자녀를 키우시는 많은 부모님들이 공감하시듯이 초3이면 이미 사춘기가 시작된 때여서 뭐든지 안 좋다, 싫다를 달고 사는 나이이기 때문이었습니다. 그래서 아이에게 네가 그동안 해 왔던 노력들이 사라진 것이 아니고 다만 그것들을 정리해 주면 반드시 잘할 것이라고, 그리고 아이에게 그날 배울 부분을 설명하고 아이 스스로 과제를 해내도록 도와주었습니다. 다행스러운 것은 더 이상 아랫반으로 내려 달라고 떼쓰지 않고, 시간만 때우고 가려던 버릇도 고치고, 모른다고 가지고 온 문제에 대해 가이드 질문을 던져 주면, 스스로 생각해 내서 주어진 과제를 모두 잘해 내고 있다는 사실입니다.

외국인 선생님과의 영어 학습을 통해 학습한 아이들이라고 해서 영어 실력이 모두가 나쁜 것은 아닙니다. 하지만 많은 경우에서 결국은 한국인 선생님의 도움을 받아야 더 큰 성장을 하고, 외국인 선생님에게 혹은 영어로만 이루어지는 수업에서 좋은 성장을 하는 아이들은 드문 경우에 해당되는 것을 많이 봐왔기에, 지금 현재 이 사례의 아이와 같은 고민을 하고 계신 부모님이 계시다면, 아이의 능력을 의심하시기보다 아이에게 더 맞는 학습법을 찾아서 제시해 주시기를 권해 드립니다.

1 개인화

2 통합 접근

3 지속적 평가

4 긍정적 지원

Q4.

공부머리는 타고 난다는데, 영어도 그렇지 않나요?

　많은 부모님들은 공부머리는 타고난다는 이 말을 진리처럼 받아들입니다. 공부머리는 정말 태어날 때부터 타고 나는 것일까요? 사실 아이들은 생후 3년 동안 뇌 발달이 극도로 활발하게 일어납니다. 그래서 엄마는 듣지 않아도 아기들의 귀는 항상 열려 있으니 모차르트의 음악을 들려주면 뇌 발달에 많은 도움이 되고, 아기들의 양육자가 아이가 하는 행동 등에 반응을 잘 해줄수록 아이들은 더 똑똑한 아이가 된다고 합니다. 예전에 유아 발달에 공부를 하기 전에는 저도 이 사실들에 대해 몰랐기 때문에, 유아발달, 아동발달을 공부한 후로, '내가 이것을 진작에 알았더라면, 우리 아이를 천재로 만들 수 있었을 텐데.'라며 지인들과 웃픈 소리를 하곤 했습니다.

조기 교육의 중요성

1 모짜르트 음악
뇌 발달에 좋음

2 양육자의 반응
아이 지능 발달에 영향

3 조기학습
아이 이해력, 암기력 향상

그렇다면, 이 시기를 놓치면 정말 학습 잘하는 아이로 만드는 것이 어려울까요? 아이들의 뇌는 초등 저학년에서 3학년까지도 놀라운 발전을 합니다. 그래서 이 시기에 연산을 많이 학습한 아이들은 연산속도가 엄청나게 늘고 이 시기 영어를 제대로 된 학습법으로 학습을 하면 암기력과 이해력이 폭발적으로 증가합니다. 그렇다면 초등 고학년이 된 아이들은 또 늦은 것일까요? 답은 '그렇지 않다.'입니다. 고학년이라도 얼마든지 뇌 발달은 가능합니다. 우리의 뇌는 물론 나이를 들어가면서 쇠퇴한다고 하지만 나이가 들어 가더라도 학습을 놓지 않으면 쇠퇴를 늦추고 발달을 계속한다고 합니다. 혹시 이미 아이가 고학년이 부모님들이 계시다면 지금 제시하고자 하는 사례를 잘 봐 주시길 바랍니다. 한 6학년 아이가 있었습니다. 부모님이 경제활동 때문에 너무 바빠서 항상 아이들끼리만 집에 있고, 학습활동이라곤 학교 수업과 학교 방과후가 다였다고 하셨습니다. 아이의 어머니는 아이가 6학년이 되었을 때, 중학교 갈 날이 멀지 않았으니 이제라도 아이를 챙겨야겠다는 마음으로 출근을 그만하셨습니다. 이때부터 이 가정에 전쟁이 시작되었습니다. 이제까지 공부하라는 소리도 듣지 못했고, 학습이라곤 어떻게 하는지조차 모르고 있던 아이에게 엄마가 '공부해라, 공부해라'라는 잔소리가 시작된 것이지요. 앞서 학습력에 대해 말씀드렸는데요, 다른 말로는 '엉덩이 싸움'이라고도 합니다. 즉 앉아서 학습하는 것조차 자리 잡히지 않은 상태에서 거기에 사춘기까지 그야말로 진퇴양난의 상황이었던 것입니다. 아이도 공부를 잘하고 싶었다고 합니다. 하지만 어떻게 공부해야 하는지도 모르고, 초등학습이니 국어와 같은 다른 과목들은 그럭저럭이었지만, 영어나 수학 같은 과목은 전혀 어떻게 해야 할지 몰라했기 때문에 아이의 자존감 역시 바닥을 치고 있었습니다. 이런 경우 이 아이는 어떻게 학습을 시작해야 할까요? 영어를 잘하기 위해선 아니 모든 학습을 잘 하기 위해선 국어력이 우선됩니다. 글을 읽고 문맥에 따라 의미를 파악하고 중요한 것과 사소한 것들을 나눌 수 있는 능력, 읽었던 내용들을 이해해서 나의 생각을 가지고 말하고 쓸 수 있는 그 능력이 있어야 다른 모든 과목들을 제대로 학습할 수 있습니다. 영어가 아닌 수학만을 보더라도 이해력이 떨어질수록 수학을 잘할 수 있는 가능성은 없어집니다. 그래서 이 친구의 경우 논술학원이 아닌, 진짜 문해력을 향상시킬 수 있는 국어 학원부터 찾아 주었습니다. 물론 책 보는 것을 싫어하는 아이였지만, 아직은 아이니까 열심히 설득해서 보냈던 것이지요. 그러면서 영어 학습을 병행했더니 나중엔 늦게 영어를 시작했음에도 6학년 말엔 반에서 영어를 잘하는 아이로 통했고, 중학교에 진학해서도 다른 것은 몰라도 영어만큼은 뒤지지 않는다는 자신감을 가지게 되었습니다. 많은 중학생 아이들이 그러하듯이 이 친구도 이제 영어를 슬슬 할 만하다는 생각이 들어가자 영어 공부에도 소홀해지기 시작했습니다. 이런 경우는 고등 시험지를 보여 주는 것이 동기부여가 되었습니다. 중학교에선 제한된 내용만 학습하고 시험을 보지만 고등에선 너무나 넓은 범위를 그리고 중학교 교과서와는 비교가 되지 않을 엄청난 양의 난이도가 높은 지문들을 다뤄야 한다는 사실을 아이가 알게 해 주고 학습을 꾸준히 열심히 할 수 있도록 지도하였습니다.

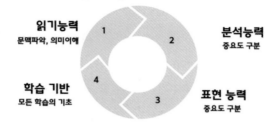

국어력의 중요성

읽기능력
문맥파악, 의미이해

1

2

분석능력
중요도 구분

학습 기반
모든 학습의 기초

4

3

표현 능력
중요도 구분

초등부터 영어를 열심히 한다는 것은 무슨 의미일까요? 영어란 단시간에 늘지 않습니다. 12,000개란 단어는 원어민이 대학까지 다녀온 수준의 어휘량입니다. 이것을 대한민국 아이들이 해내야 하는 것입니다. 그렇기 때문에 우리 아이들이 영어에 더 많은 시간을 할애할 수 있는 초등 저학년 시절부터 영어는 정말 제대로 시간을 투자하여 공들여 해야 하는 것입니다. 저의 말을 세상에서 가장 잘 듣지 않는 학생인 저의 아들의 경우도 함께 얘기하고 싶습니다.

많은 사람들은 엄마가 영어 선생님이니 아이를 오죽 잘 가르치지 않았겠느냐 하시지만, 주위의 다수의 영어 선생님들 중 자신의 아이를 직접 가르치는 경우는 보기가 드문 케이스입니다. 다른 아이들과 한 반에서 학습시키고 할 수 있는 것은 겨우겨

영어 학습의 지속성

1   초등학교
     기초다지기

2   중학교
     자신감 형성

3   고등학교
     난이도 상승, 동기부여

우 말 안 듣는 아들을 달래 가며 숙제라도 시키는 것이 다였습니다. 게다가 저의 아들이 초등 시절엔 수능도 그렇게 어렵지 않아서 영어와 관련지어서 정말 많은 게임도 하고 여러 활동들을 병행하며 천천히 영어 학습을 시켰습니다. 그러다 몇 년 되지 않아 영어가 절대평가로 바뀌면서 난이도는 급상승하기 시작했습니다. 그러다 보니 영어 학습을 발등에 떨어진 불을 끄듯이 가파르게 시키지 않을 수 없었습니다. 하지만 그 시기가 하필 중등 시절이어서 사춘기가 제대로 온 아드님은 엄마 마음처럼 따라 주지 않았습니다. 그러나 초등 시절 튼튼히 다져 온 영어 실력이 중등 시절 그렇게 열심히 달려 주진 않았음에도 밑거름이 되어서 고등인 지금 고등 영어를 학습함에 있어 전혀 문제가 되지 않았습니다. 그래서 초등영어가 중요한 것입니다. 다른 학생들의 경우, 저는 그들에게 단지 선생님이기에 열심히 하라는 대로 학습을 따라 주고 있어서 현재 중학교 1학년인 친구들은 수능 영어를 따로 가르치지 않았음에도 한 명은 2문제를, 다른 한 명은 3문제를 제일 많이 틀린 아이가 45문제 중에 11개를 틀렸습니다. 가장 많은 문제를 틀린 아이의 경우는 남자아이로 단지 잘 풀고 싶은 욕심이 없어 대략 답을 체크하다 보니 나온 점수로 대부분 평균 5개 미만으로 오답을 내었습니다. 그리고 이 반의 특징은 모두가 파닉스부터 함께 학습해 온 아이들이라는 사실입니다. 이 반에서 난이도 역대로 가장 어려웠다는 토셀 주니어 시험에서 경기인천 1등을 한 친구도 있습니다. 아직은 영어 자체의 실력을 더 다지는 것이 우선이라는 생각으로 수능을 위한 영어가 아닌 토플 교재나 다른 고급 지문의 영어 원서를 가지고 아이들은 오늘도 꾸준히 학습을 해 오고 있습니다. 초등 고학년 시절부터 누구나 그러하듯이 다소 게으르게 늦게 과제를 올리는 아이들도 있지만, 함께 학습한다는 것, 그리고 이제껏 해 오던 것이라는 점 때문에 아이들은 오늘도 꾸준히 영어 향상을 이뤄 가고 있습니다.

초등영어의 중요성

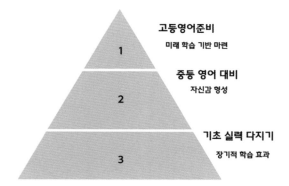

고등영어준비
미래 학습 기반 마련
1

중등 영어 대비
자신감 형성
2

기초 실력 다지기
장기적 학습 효과
3

제2부

기대와 외부 요소에 대한 오해

이 장에서는 '아이가 영어를 즐겁게 배워야 한다'는 기대와, 부모님의 경제적

여건이 영어 실력에 영향을 준다는 오해를 살펴봅니다.

아이가 영어를 즐겁게 생각해서 잘했으면 좋겠어요.

대부분의 학부모님들은 자신의 아이가 영어를 즐거운 것이라고 생각했으면 좋겠다고 말합니다. 그래서 영어를 재미있게 배웠으면 하고 바랍니다.

학부모의 바람

1 즐거운 영어 학습　　　**2** 재미있는 접근 방식

3 영어놀이학교 인기

그러다 보니 영어놀이학교 같은 것들이 많이 생겨났고, 많은 어학원들에서 어린 아이들에게는 주로 여러 가지 게임과 다양한 활동들을 통해 영어 학습에 접근하려고 합니다. 저는 그런 학부모님들께 이렇게 말합니다. '아이가 게임을 하면서 영어를 배우면, 영어가 재미있다고 생각할까요, 아니면 그 게임이 재미있었다고 생각할까요?' 유치부에서 방과 후 활동으로 영어를 게임처럼 여러 가지 활동을 통해 배우는 것은 정말 좋은 방법이라고 생각합니다. 그런데 문제는 언제까지 그런 방식으로 영어를 학습할 수 있느냐이고, 그리고 재미있게 게임을 도입해서 영어 수업을 정말 제대로 잘 가르치는 곳을 찾는 것이 그렇게 쉬운 일이 아니라는 사실입니다.

어려서부터 영어놀이학교를 다닌 아이가 있었습니다. 워낙 어려서부터 영어에 노출을 시킨 터라 아이의 영어 실력을 알아보기 위해 영어로 인터뷰를 진행했습니다. 다른 초등 1학년 또래에 비해 아이는 영어로 듣고 말하는 것을 잘하였습니다. 그러나 문제는 초등에서부터 영어 실력을 다지기위해 학습으로 들어가자 아이가 영어에 흥미를 잃기 시작했다는 것입니다. 게다가 이제까지 놀면서 영어를 하고 영어를 공부로써는 해 보질 않았기 때문에 과제가 제대로 이루어지지 않았고, 6개월 이후부터는 본원의 같은 학습의 또래의 다른 아이들에 비해 영어 실력이 떨어지게 되었습니다. 아이가 어려서 놀이처럼 배운 영어 실력은 영어를 1학년에 처음 시작한 또래 아이들보다 고작 몇 개월 앞선 것뿐이었습니다. 그 반의 다른 아이들은 영어를 처음부터 학습으로 이해하면서 배웠기 때문에 영어로 문장을 만들고, 말하는 것, 학습 그 자체에 즐거움을 느꼈습니다.

영어 학습의 지속성

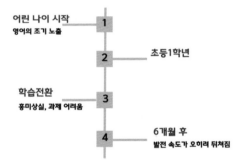

그리고 과제를 통해 공부라는 것을 해 왔기 때문에 계속해서 발전해 왔습니다. 그러나 너무 많은 시간을 놀이로써만 영어를 접해 왔던 아이는 숙제를 통한 공부, 즉 학습이 이루어지지 않게 되었고, 단 몇 개월 만에 또래 반 아이들에게 추월당하게 된 것입니다. 이 아이를 보면서 가장 안타까웠던 점은 부모님의 학습적 지지가 잘 이루어지지 않았다는 사실입니다. 많은 학부모님들은 아이가 학교에 다녀오거나, 학원에 다녀오면 공부를 했다고 생각하십니다. 그러나 교사로서 제 입장은 다릅니다. 아이들은 학교에서 배우고, 학원에서도 역시 배우고 온 것입니다. 공부는 배운 것을 내 것으로 익히는 과정입니다. 그러니, 아이의 모든 학습을 학교에, 학원에만 의존할 것이 아니라 아이가 공부할 수 있는 시간과 여건을 만들어 주는 것이 부모님의 중요한 역할이라고 말하고 싶습니다. 필자의 원에서 배우는 대부분의 아이들에게 필자는 이 점을 강조해 오고 있습니다. 그래서 본원에서 영어를 공부하는 아이들은 영어 학습기간 대비 탁월한 학습 성취도를 보이고 있습니다. 그 이유는 학원에서는 가르치고, 배운 내용을 집에서 숙제를 통해 잘 학습하고 왔는지를 점검하고, 아이들은 학원에서 배운 것들을 숙제라는 학습과정을 통해서 자기 것으로 익혀서 오기 때문입니다.

학습 중심 접근의 장점

체계적 학습
기초부터 차근차근
1

과제수행능력
자기 주도 학습 습관
2

학습의 즐거움
성취감 경험
4

지속적 발전
꾸준한 학습 습관
3

영어실력은 부모님의 재력하고도 상관이 있는 것 같아요.

　필자가 20대이던 시절 우리 사회는 그리고 저 역시도 영어를 잘하려면 해외연수는 필수적으로 다녀와야 하는 것으로 생각했습니다. 그래서 지금처럼 해외여행이나 연수를 모두 가는 시절은 아니었기에, 그것은 흔히 얘기하는 금수저와 은수저쯤 되는 집안의 아이들이 누리는 고급교육이라고 생각했습니다. 20대 초반 한 친구의 부모님이 그 친구를 호주로 해외연수를 보내 주었습니다. 워낙 성격도 좋아서 친구들도 많았고, 무엇보다 연수를 다녀온 그 친구의 남자친구가 잘생긴 미국인이었습니다. 어느 날 밥을 먹으며 영어에 대해 이야기하던 중 항상 영어에 로망을 품고 사는 저였기에, 연수를 가서 영어를 배우니 정말 영어 실력이 쭉쭉 늘더냐고 물었습니다. 그런데 그 친구 대답이, 거기선 많이 놀러 다녔고, 영어도 잘 늘지 않았다고 합니다. 그 친구는 오히려 그 곳에서 영어 공부의 필요성을 더 느꼈고, 영어 실력은 한국에 와서 토익학원을 다니며 늘었다고 했습니다. 또 하나의 사례는 영어연수를 캐나다에서 하고 있던 대학 동기들을 만나러 여행을 갔을 때의 경우입니다. 저와는 달리 모두가 은수저 집안이었던 그 친구들은 제가 생각하기에 캐나다에서 고급영어교육을 받는 호사를 누리고 있다고 여겨졌습니다. 친구들 공부하는 것 구경할 겸, 캐나다 여행도 해 볼 겸 (비행기 표 살 돈만 있으면 친구들의 자취방에서 숙식 제공이 가능했기에) 캐나다로 날아갔습니다. 그리고 저는 캐나다에서 모두 1년 이상 연수를 하고 있는 친구들이 있었기에 마음을 든든하게 먹고 아무 걱정 없이 여행 생각으로 들떠 있었습니다. 처음 캐나다에 도착하니 한국과는 다른 이국적인 분위기가 너무나 좋았습니다. 하지만 친구들은 제가 생각하고 있었던 것과는 너무나 다른 연수생활을 하고 있어서 놀라지 않을 수 없었습니다. 친구들은 대부분 한국연수생들과 생활을 하고 근처 유학원에서 (학원 같은 곳) 잠시 수업을 듣고 오는 것이 다였습니다. 한국 연수생 중의 한 친구가 새로 방을 렌트해야 했는데, 전화 영어를 모두 어려워했고, 제가 듣기에도 너무 민망한 아주 공손한 말씨와

태도로 어렵게 전화 통화를 하는 것을 보고 놀랐었습니다. 심지어 마트에서 장을 볼 때에는 아이들이 오히려 저의 영어 발음이 너무 좋다며 칭찬을 했을 때엔, 어학연수의 환상이 깨지는 순간이였습니다. 과거에 제가 직장 초년생 시절엔 한국에서 영어를 잘하는 사람들이 그리 많지 않았고, (수능을 위한 단어가 3,600인 것을 생각하면 중학교 2학년 수준이니까요.) 어학연수를 통해 회화가 어느 정도 가능하면 영어를 잘하는 것으로 쳐 주던 시절이여서 어학연수를 다녀오면 입사 시에 가산점을 주던 시절이니 가능하지 않았을까 싶기도 합니다.

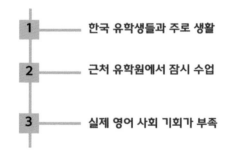

캐나다 연수생 친구들의 현실

1 ── 한국 유학생들과 주로 생활

2 ── 근처 유학원에서 잠시 수업

3 ── 실제 영어 사회 기회가 부족

다시 본론으로 돌아가서 영어 실력이 부모님의 재력과 상관이 있다는 것은 과거에, 그러니까 입시 영어 실력도 낮았고, 외국에 갈 기회를 많이 갖지 못하던 시절의 이야기인 것 같습니다. 당시에 정말 재력이 넘치는 집은 아예 외국으로 유학을 보냈고, 그들은 정말 영어를 잘했으니까요.

과거 직장인 초년생들

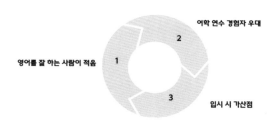

영어를 잘 하는 사람이 적음 ① ② 어학 연수 경험자 우대 ③ 입시 시 가산점

하지만 더 이상은 아닙니다. 앞서 영어에 노출을 잠시 시킨다고 영어가 잘 늘지 않는다는 것을 설명한 맥락과 같습니다. 부모님들 중에는 남들처럼 여름방학이나 겨울방학에 해외에 보내지 못하는 것을 속상해하시는 분들을 본 적이 있는데, 해외캠프는 아이가 영어 실력이 출중할 때 좋은 경험을 해 보게 해 주는 것이지 영어 실력 자체를 잠깐 동안의 해외 캠프로는 성장시킬 수는 없습니다.

해외 캠프의 한계

단기 체류

방학 기간 한정

실력 향상 제한적

해외 캠프는 경험을 위한 것, 실력 향상이 극히 제한적

제가 공부방을 운영할 때, 다니던 한 친구는 아빠가 그 아이에게 해외캠프를 제안했을 때, 단번에 거절했다고 해서 제가 놀라서 이유를 물어본 적이 있습니다. 아이가 그렇게 단호하게 거절한 이유는, 해외에서 한 달 있다가 한국에 오면, 단어도 친구들은 많이 외웠을 테고, 문법 진도도 많이 나가 있을 텐데, 돌아와서 자신이 그 진도를 따라가는 것이 너무 힘들지 않겠느냐 하는 것이었습니다. 아이의 엄마와 저는 그 얘기를 하며, '애가 참 생각이 깊네요.'라며 웃었던 기억이 있습니다.

그리고 여기에 이것과 관련된 한 예가 있습니다.

한 3학년 학부모님이 지인의 추천으로 학원에 아이를 데려온 적이 있었습니다. 그 아이는 어려서부터 영어유치원을 다니고 심지어 아버지는 아이의 영어 교육을 위해 1년 동안 육아휴직을 내고 영어권 나라에서 아이와 국제학교를 다니고 귀국하셨습니다. 한국에 돌아와서는 꾸준히 영어도서관을 다니며 영어로 독

조기 영어 교육의 사례

1 — 영어유치원 경험

2 — 아버지의 1년 육아 휴직

3 — 국제학교 1학년 재학

4 — 영어 도서관 활동

후감쓰기 활동도 이어 오고 있었습니다. 아이가 쓴 독후감을 보니 영어로 쓰여 있긴 하지만 어법에 맞지 않게 단어들을 나열한 것들을 볼 수 있었습니다. 아이가 본원의 아이들에 비해 훨씬 많은 시간을 영어 학습을 위해 투자한 것에 비해, 아이의 실력은 본원의 영어 학습 2년차 아이들의 실력 정도에 지나지 않았습니다.

조기 영어 교육의 한계

| 문법 오류 많음 | 투자 대비 낮은 실력 |

| 기초 부족 |

본원에 다니기를 1달도 채 안 되어 아이 어머니에게 연락이 왔습니다. 다른 아이들이 이렇게 영어를 열심히 공부하고 있으며, 잘하고 있는지 몰랐노라고…. 학원에서 학습하고 간 내용에 대한 복습을 과제로 내주어 엄마와 아빠가 집에서 시켰는데, 아이가 그 정도로 못할 줄 몰랐노라고 말씀하셨습니다. 아이 아빠는 육아휴직까지 쓰며 아이의 영어 교육에 정성을 들였고, 어머니 말씀으로는 수천만 원을 썼는데, 아이가 지금 학원에서 하는 것들을 할 실력이 아닌 것을 알게 되셨다면서 다른 곳에서 기초를 더 다지고 다시 등원시키겠다고 하셨습니다. 특히 그 아이의 아버님은 아이에게 많이 화를 내셨다고 합니다. 그동안 들인 공이 얼마인데, 너는 이것도 못 하느냐라고요. 저는 개인적으로 안타까웠던 것은 아이가 부모님이 말씀하신 것만큼 못하는 아이가 아니라는 사실입니다. 다만 정리가 안 되어 있어서 본원의 과제를 하기에 처음이라 어려움을 느꼈을지 모르지만, 그렇다고 영어를 부모님이 생각하시는 것만큼 못하는 것은 아니었습니다. 당시에 본원의 아이들이 미국 교과서 2학년 2분기 교재를 하고 있었기 때문에 아이가 2학년임을 생각해 본다면, 그렇게 못한다고 할 수 없으니까요. 물론 금전적인 것이나 시간을 생각하면 훨씬 더 좋은 결과가 나왔다면 좋았겠지만, 부모님의 성급한 판단이 아쉬웠습니다.

부모의 실망

높은 기대   **1**   **2**   현실과의 괴리

새로운 방안 모색   **4**   **3**   아이에 대한 실망

결론: 영어 학습의 올바른 방향

1   개인의 페이스 존중

2   장기적 관점 필요

3   꾸준한 노력이 핵심

4   실력과 재력은 무관

제3부

영어 학습의 기초 다지기: 파닉스와 독서 및 커리큘럼의 핵심

아이들의 영어 실력은 튼튼한 기초에서 시작됩니다.

이 부에서는 파닉스 교육과 독서, 그리고 기초 커리큘럼 구성의 중요성을 중심으로, 영어의 발음, 어휘 암기, 문장 이해 능력 향상에 필요한 핵심 요소들을 살펴봅니다.

Q7.

파닉스가 가장 쉬운 거 아닌가요?

많은 학원들에서 파닉스 단계를 가장 쉬운 단계로 보고, 대부분의 학원들이 경력이 가장 낮은 선생님에게 파닉스반 학습을 맡기는 경우를 종종 볼 수 있습니다. 어머님들은 파닉스가 가장 쉬운 단계라고 생각하시나요?

예전에 대기업 임원 분들의 영어 학습을 주로 담당하시는 교포 강사 선생님을 만난 적이 있었습니다. 그 분의 말씀에 영어 발음은 중요한 것이 아니라고 하시더군요. 왜 그 교포 강사님은 영어 발음이 중요하지 않다고 생각하셨을까요?

전 유엔 총장님이셨던 반기문 총장님의 연설이 이슈가 된 적이 있었습니다. 대부분의 한국 사람들은 반 기문 총장님의 연설에서 발음을 언급하며, '영어를 잘하는 사람이 아닌 것 같다.'라고 대답한 반면 많은 외국인들은 '반기문 총장님의 연설이 너무나 훌륭하고 감동적이었다.'라고 대답했습니다. 자. 이것이 외국인들이 영어를 바라보는 관점입니다. 요즈음은 글로벌 시대가 도래한지 오래되어서 다양한 인종의 사람들이 영어로 소통합니다. 그러다보니 그들이 가지고 있는 고유한 모국어의 억양이나 특징이 영어에 배게 됩니다. 그러다 보니 영어의 발음이 소통에 있어 그렇게 중요하지 않다고 생각하는 것이죠. 즉 전달만 되는 정도의 발음과 억양이라면 전혀 문제가 되지 않는다고 봅니다. 이 점에 있어서는 저도 같은 견해입니다. 다시 그 교포 강사님과의 대화로 돌아가 보도록 하겠습니다. 그 교포 강사님은 어렸을 때 미국으로 이민을 가서 영어 능력을 습득한 경우입니다. 즉 늘 생활을 영어로 하다 보니 자연스레 듣는 것에도 문제가 없었던 것이죠. 그래서 영어로 말하는 사람들의 고유의 억양이나 발음은 크게 문제가 되지 않았던 것입니다. 그러나 우리나라에서만 영어를 학습한 사람은 어떨까요?

대화의 기본은 먼저 듣기입니다. 처음 영어 선생님을 시작할 때, 제가 가장 먼저 한 것은 알파벳부터 다시 발음해서 읽기였습니다. 외국에서 영어로 소통해 본 경험이 있기는 했지만, 그때까지도 영어로 뉴스를 듣는다든가, 토크쇼를 본다든가 하는 것은 여전히 어려웠습니다. 자막을 보면 들리지만 자막이 없다면 무엇이라고 하는 것인지 잘 들리지 않았었습니다. 친하게 지내던 한 아기 엄마가 아기 장난감에서 흘러나오는 영어 소리를 나에게 뭐라고 하는 거냐고 물어봤을 때, 정말로 들리지 않아서 연거푸 3번이나 정말 모른다고 대답해야 하는 난감한 상황도 있었습니다. 한국에서만 영어를 공부한 대부분의 사람들은 hearing이 아니고 listening이 잘 안 되는 경우가 많습니다. 그 이유는 바로 파닉스를 학습하는 시기에 제대로 음가 학습이 되지 못했기 때문입니다. 저와 대화를 나눴던 그 교포 강사님께 제가 발음에 대해 이렇게 얘기했습니다. 저는 발음이 중요하다고 생각한다고요. 그 이유는 저의 경험에 비춰 봤을 때 내가 제대로 발음하지 못하는 것은 들리지 않기 때문이라고 말했습니다. 당시 그 교포 강사님의 표정을 잊을 수가 없습니다. 뭔가 땅! 하고 한 대 맞은 듯한 그 표정을 말이죠.

여러분은 개구리가 어떻게 운다고 생각하시나요? 한국 사람이라면 누구나 개구리는 개굴개굴 운다고 생각합니다. 그런데 우리가 스리랑카에 살고 있는 사람에게 개구리가 어떻게 우냐고 물어본다면 그들은 또롱또롱 운다고 말합니다. 그렇다면 우리나라 개구리와 스리랑카의 개구리의 종이 달라서 다르게 우는 것일까요? 아닙니다. 우리가 사용하는 언어의 발음이 다르기 때문에 우리에게 개굴개굴 하고 들리는 것이 그들에게는 또롱또롱이라고 들리는 것입니다.

아이들을 지도하는 선생님이라면 누구나 공감할 것이라고 생각합니다. L과 R을 구별하지 않고 발음하는 아이들은 L 발음과 R 발음이 들어간 단어들을 잘 구별할 수 없고 A와 E를 구별하지 않고 발음하는 아이들은 단모음 A와 E의 단어의 차이를 소리로 구별하지 못한다는 것을요. lip과 rip의 의미 차이가 크고 bad와 bed의 의미 차이는 아주 큽니다. 그래서 영어의 시작처럼 여겨지는 파닉스 교육이 중요한 것입니다. 우리 아이들이 알파벳 각각의 글자의 소리를 정확히 알고 익혀야 아이들의 발음이 좋아지고, 발음이 좋은 아이들이 듣기를 잘합니다. 앞서 언급한 것처럼 대화의 시작은 듣기이니 파닉스 교육이 얼마나 중요한지는 더 설명하지 않아도 좋을 것 같습니다.

영어 학습 환경의 차이

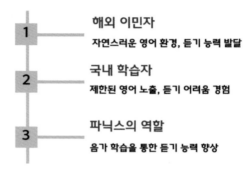

1 해외 이민자
자연스러운 영어 환경, 듣기 능력 발달

2 국내 학습자
제한된 영어 노출, 듣기 어려움 경험

3 파닉스의 역할
음가 학습을 통한 듣기 능력 향상

 한 가지 더 파닉스 교육의 중요성을 덧붙이자면, 파닉스를 제대로 학습한 친구들은 영어 학습에 있어 가장 힘든 일인 단어를 암기하는 것에 수고를 덜 수 있습니다.

 3학년 남자아이 둘이 있었습니다. 모든 어머니들이 그러하듯 이 아이들의 어머니들도 아이들이 영어를 쉽고 재미있게 배우길 원하셨습니다. 그래서 동네에서 소수로 영어 과외를 운영하는 영어 전문 공부방에 아이들을 보냈습니다. 단어를 처음부터 많이 암기시키지 않고 수업 시간도 많이 길지 않아서 어머님들은 아이들이 영어를 쉽게 배울 수 있겠지라는 기대를 하셨다고 합니다. 두 어머니가 이 아이들을 영어공부방으로 보낸 또 다른 이유는 혹시 대형으로 보냈다가 관리가 되지 않아 아이들의 영어 실력은 고사하고 비싼 수업료만 지불하고 말 것이라는 생각도 있었다고 합니다. 처음 알파벳을 배우고 할 때는 아이들이 즐겁게 다녔다고 합니다. 일주일에 고작 6개씩의 알파벳을 배우고 오니 많이 쉽다고 느꼈겠지요. 이제 파닉스 교재가 끝나고 단어를 외우는 학습으로 들어갔을 때, 아이들은 일주일에 6~8개의 단어를 외우고 시험을 봐야 했습니다. 이 아이들의 말이, 공부방 문 앞에서면 '아, 지옥문이 열리는구나.' 했다고 합니다. 우리들의 생각에 3학년 아이가 일주일에 8개의 단어를 외우는 것이 어려울까요? 아이들이 힘들어했었던 이유는 바로 다름 아닌 파닉스 학습이 단어 학습으로 이어지지 않았기 때문이었습니다. 파닉스를 배우고도 그것을 활용해서 단어를 외운 것이 아니라 단어마다 알파벳 순서로 암기를 하려니 일주일에 8개뿐인 단어 암기조차도 이 남자 친구들에겐 벅찼던 것이지요. 그 아이들이 제 아들 또래여서 어머니들과 친분이 있었던 저에게 그 즈음 학습 의뢰가 들어왔고, 아이들은 파닉스 공부부터 다시 하게 되었습니다. 이 아이들 나중에 어떻게 되었을까요? 파닉스를 활용해서 단어를 외우게 했더니 일주일에 30개에 이르는 단어도 거뜬히 외우는 아이들이 되었습니다.

파닉스와 단어 암기

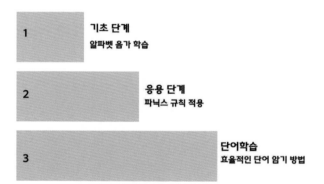

1 기초 단계
알파벳 음가 학습

2 응용 단계
파닉스 규칙 적용

3 단어학습
효율적인 단어 암기 방법

Q8.

아이가 파닉스만 하고 있는데도 영어를 싫어해요.
아직은 그래도 게임식으로 영어를
학습하는 게 좋지 않을까요?

　　두 아이를 키우는 한 어머니의 이야기입니다. 첫째는 엄마의 말에 따라 영어를 그래도 성실히 해 오고 있는데, 눈에 넣어도 안 아플, 뭘 해도 예쁘기만 한 둘째 아이가 영어를 싫어하는 것이었습니다. 이 아이의 경우 철자 회피형에 해당하는데요, 아이들 중 소수의 경우 한글이건 영어건 철자를 읽는 것을 기피하는 아이들이 있습니다. 이 아이의 엄마는 영어는 앞으로 계속해야 하는 것인데, 영어 학습 초반부터 영어를 싫어해서 나중에 아예 하지 않겠다고 거들떠보지도 않으면 어떻게 하냐며 걱정이 한 가득이셨습니다. 만약 제가 아이들을 많이 지도해 보지 않았거나, 아이를 키워 보지 않았다면 아마도 이 어머님께 명확한 답

을 드리기 어려웠을 것입니다. 이미 많은 아이들을 지도해서 성
장시켜 왔기에 어머님께 단호히 말씀드렸습니다.

"어머님, 지금 하기 싫어해서 그만둔다고 나중에 갑자기 하고
싶어지지 않습니다. 그리고 아직은 어려서 엄마 말이나 선생님
말을 듣지만, 사춘기에 접어들면 열심히 하던 아이들도 게을러
지고 하기 힘들어하는데, 그때 어떻게 열심히 아이가 학습에 집
중할 것이라고 기대하실까요? 어렵지만 아직 어릴 때 이겨 내야
학습 습관도 길러지고 사춘기가 와도 해 왔던 것이기 때문에 꾸
준히 할 수 있답니다."

조기 개입의 중요성

1 어릴 때 극복

2 학습 습관 형성

3 지속적 학습 가능

철자 읽기를 유독 힘들어하고 회피하는 아이들은 아이의 기분을 맞춰 주려, 또 아직은 어리니까 앞으로 더 기회가 있을 것이라는 생각으로 학습을 미루게 되면, 혹시나 아이가 고등학생이 되어서 영어를 제대로 해 보고 싶어 할지라도 이미 그 격차는 너무 커서 어떻게 해 볼 도리가 없어집니다. 그리고 철자를 기피하는 아이들의 경우 영어에만 해당되는 것이 아니고 국어에도 영향을 미치기 때문에 독서도 멀리하는 경우가 많아서, 결국 문해력이 낮아지기 때문에 전반적으로 모든 학습에 있어 어려움을 겪을 확률이 굉장히 높아집니다. 그래서 저는 그런 아이들의 경우 어머니에게 아이에게 한국어 책도 많이 읽을 수 있도록 어머니가 책도 직접 재미있게 읽어도 주고 아이가 엄마에게도 읽어 주도록 유도해서 지도를 하는 것을 추천드리고 있습니다. 그리고 이런 경우, 당장 파닉스를 그만둔 다고해도, 좀 더 커서 더 잘 받아들일 것이라는 보장이 없기 때문에, 어쨌든 넘어야 할 산이라면, 아직 엄마 말이나 선생님의 말을 그래도 따라주는 이때가 적기임을 어머님들께 설명드립니다.

미루면 안되는 이유

| 격차 확대 | 문해력 저하 | 전반적 학습 어려움 |

이 아이의 어머님은 저의 말을 신뢰해 주셨고, 아이는 읽으면서 단어를 쓰는 것이 익숙해져 가고 있습니다. 물론 다른 친구들보다는 시간이 좀 더 걸리기는 하지만, 영작 시험에선 거의 100점을 맞고 단어 시험에서만 몇 개의 실수가 있을 뿐, 놀라운 성장을 보여 주고 있습니다. (참고로 본원의 아이들은 누적해서 단어를 학습하기 때문에 기본 140여 개의 단어를 매번 시험 봅니다.) 이런 과정을 겪으며 아이들도 배워 갑니다. 내가 학습을 해 오면 좋은 결과를 볼 수 있고, 내가 하기 싫어서, 아니면 미루다가 과제를 다 해 오지 못하면 시험을 치루는 것이 너무 어렵다는 것을요. 그리고 스스로 '결코 할 수 없다는 것은 존재하지 않는다.'라는 사실도 배웁니다. 어린 시절엔 실패의 경험과 성공의 경험을 통해 아이들이 많이 성장한다고 합니다. 이런 친구들은 처음엔 남들보다 더디게 습득하기 때문에 힘들다 여기지만, 결국 노력으로 다른 친구들과 대등해지고, 심지어 늘 열심히 학습해 오는 습관이 자리를 잡아 반에서 더 실력이 우월한 친구들이 되는 경우도 다수 볼 수 있습니다. 그러니, 혹시 독자 분들의 아이들 중 유독 알파벳도 파닉스도 힘들어하는 친구가 있다면 이 책에서 알게 되실 파닉스 학습법을 적극 활용하셔서 아이에게 '넘을 수 없는 산이란 없다.' 라는 사실을 알려 주셨으면 하고 바랍니다.

이 아이의 경우에 앞서 하루가 멀다 하고 상담을 하셨던 어머님이 있습니다. 아무래도 동네에서 소문을 듣고 오셨다 보니 동네 친구들과 함께 학원에 오게 되었는데요, 문제는 이 친구가 앞선 사례와 같이 철자기피증이 있다는 것이었습니다. 특히 저학년들 어머님들은 주변의 아이들과 내 아이를 비교하면서 내 아이가 다른 아이들처럼 잘해내지 못하면 많이 속상해하십니다. 참고로, 아이들을 중, 고등 이상 키워 보신 어머님들은 이 부분에서 초연해지십니다. 아무튼, 이 어머니의 경우도 자신의 아이가 함께 어울리는 친구들보다 초기 파닉스 학습부터 힘들어하는 모습을 보이자 많이 속상해하시고 늘 상담을 하셨습니다. 그럴 때마다 기다려 주셔야 한다, 아이들마다 속도가 다르다, 내 아이만 보셔라. 등등 많은 조언을 해 드렸었습니다. 리딩반으로 처음 올라갔을 때, 마침 한 출판사에서 주관하는 영어 말하기 대회가 열렸습니다. 아이들에게 좋은 경험을 하게 해 주고 싶은 마음에 출판사에서 제공한 대본을 가지고 말하기 대회를 준비시켰습니다. 그런데 여기에서 또 하나의 사건이 생겼습니다. 과제로 아이들에게 하루에 5번씩 읽어 오기 숙제를 내었는데, 다른 아이들은 대부분 5분 미만으로 빠르게는 3분 미만으로 대본을 읽을 수 있었던 반면에 이 친구는 한 번 읽는 데에만 무려 1시간이 소요가 된 것입니다. 아이도 힘들어하고 시키는 엄마도 힘들어했지만, 다행인 것은 이 친구가 첫째였단 사실입니다. 아마 여러 아이를 키워 보신 어머님들은 공감하시겠지요. 아무래도 엄마의 모든 공부에 대한 관심과 에너지는 첫째에게 쏠린다는 것을요. 또 이 일로 전화를 하신 어머님께, '넘어야 하는 산이고 해서 안 되는 일은 없다.'라며 다독여 드리고 포기시키지 않고 할 수 있도록 도움을 드렸습니다.

부모의 인내심

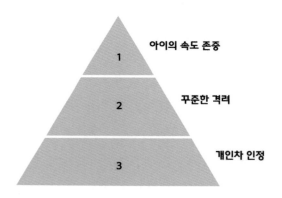

그 결과 마침내 이 친구도 다른 아이들처럼 3분대에 대본을 술술 읽을 수 있게 되었을 뿐만 아니라 외워서 발표까지 멋지게 해내었습니다. 그리고 그 해에 말하기 대회에 나갔던 우리 아이

들의 노력에 출판사 관계자분들은 감동을 하셨다고 우리 아이들에게 주어진 대본을 외운 것이어서 '금, 은. 동에 해당하는 상은 못 주지만 특별참가상은 꼭 주고 싶으시다.'고 해서 대회에 참가했던 우리 아이들 모두 상을 받는 기쁨을 누렸습니다.

학습의 교훈

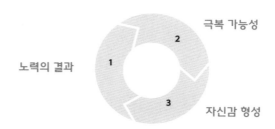

이다음에 이 친구는 어떻게 변했을까요? 그 일이 계기가 되어서 비록 아이의 어머니는 늘 아이가 더 총명해졌으면 좋겠다는 말을 하시지만 아이는 학교에서 만큼은 모두에게 공부를 정말 잘하는 친구로 통합니다. 곁에서 지켜보시는 어머님은 아시는 거죠. 아이가 학교에서 좋은 성적을 거두기까지 뭐 하나 힘들이지 않고 해내는 것은 없으니. 하지만 영어 학습을 처음 시작해서 어렵지만 그것을 해내었을 때, 아이는 '하면 할 수 있구나.'를 배웠고, 그 결과가 얼마나 값진 것인지도 배웠기에 영어뿐만 아니라 다른 모든 과목도 될 때까지 열심히 하는 성실한 아이가 되었습니다. 현재 중학교 1학년이 된 이 친구는 아이가 처음 영어를 시작할 때만 해도 영어가 지금만큼 어렵지는 않았기에 느린 속도로 배워 왔음에도 토플 지문으로 영어를 학습하고 있습니다.

영어 학습의 파급효과

영어학습법은 아이들마다 다르지 않나요?

　영어를 학습하는 데 있어서 다양한 학습법들이 존재하는 것은 사실입니다. 하지만 기본을 놓치고 간다면 그 어떤 좋은 학습법이라도 통할 리가 없습니다. 한 어머니의 사례입니다.

파닉스의 중요성

기초 학습	빠른 습득

영어실력 향상의 기반

아이가 학원을 다니면서 영어를 했지만 통 늘지가 않는다 하시며 소문을 듣고 찾아오셨다고 하셨습니다. 이 친구역시 파닉스부터 제대로 학습되어 있지 않았습니다. 그래서 먼저는 파닉스를 개인 과외로 2회 만에 끝내고 영어 학습을 그룹으로 진행하였습니다. 얼마 되지 않아서 어머님이 잔뜩 화가 나서서 전화가 왔습니다. 왜 우리 아이만 늦게까지 공부를 하고 가야 하느냐가 어머니의 주된 불만이었습니다. 저에게는 한 가지 원칙이 있는데, 그것은 가방만 들고 다니는 아이는 없어야 한다는 것입니다. 보통 아이들에게 단어를 암기하게 하기 위해서 과제를 내주는데, 이 아이의 경우 과제를 다 하지도 않을 뿐만 아니라 다른 아이들과 비교했을 때 학습량이 5분의 1도 채 되지 않았습니다. 이 아이가 자기 학습 분량을 소화해 내야 다음 단계로 나아갈 텐데, 가정에서 제대로 학습이 진행되지 않다보니 학원에서라도 아이가 학습을 소화해 내도록 나머지 학습을 시켰던 것이었습니다. 저도 같은 엄마의 입장이다 보니, 저의 경우엔 우리 아이의 지도 선생님이 더 봐 주시면, 죄송스럽기도 하지만 더 좋았습니다. 집에서 해 가지 않은 공부를 거기서라도 하고 올 수 있으면 다행이라고 생각하니까요. 하지만 이 학생의 어머니의 경우는 달랐습니다. 먼저는 다른 아이들은 다 가는데, 우리 아이만 남으면 아이의 마음이 어떨까를 걱정하셨고, 차량운

행을 하지 않는 저의 원칙으로 아버님이 아이를 데리러 오시는데, 아버님이 많이 기다리시니 어머니에게 역정을 내셨던 모양입니다. 저는 아이가 집이 근처라고 알고 있어서 아버님이 아이를 데려가기 위해 오시는지 전혀 생각하지 못하고 있었기 때문에, 아이가 다 끝내지 못한 부분을 끝내서 하원 하도록 했습니다. 이러한 부분을 전화로 상담하는 도중에 어머니께 자녀 분의 학습 분량이 다른 아이들과 비교했을 때 현저히 떨어지니 같은 결과가 나오지 않는 것이라고 전해 드렸습니다. 어머니의 말씀이 아이들마다 학습방법이 다를 수 있지 않느냐 하는 것이었습니다.

학습량의 중요성

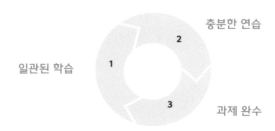

아이들마다 학습의 속도는 다를 수 있습니다. 빨리 습득하는 아이, 보통의 아이, 그리고 정말 천천히 습득하는 아이. 그리고

선생님이 가르치는 학습법도 어느 정도는 다를 수 있습니다. 예를 들어 영어를 다독해서 언어로 습득하는 방법, 영어유치원, 국제학교 순서로 영어를 습득하는 방법, 학원이나 공부방 같은 곳에서 다양한 학습법으로 영어를 습득하는 방법 등.

가정에서의 학습 지원

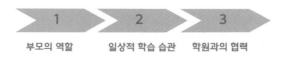

1 부모의 역할   2 일상적 학습 습관   3 학원과의 협력

그러나 이 모든 것에서 가장 중요한 기본은 학습 시간이 절대적으로 필요하다는 것입니다. 다독으로 영어를 습득하기 위해 얼마나 많은 책을 읽어야 할까요? 영어유치원을 거쳐 국제학교에서 영어를 자유롭게 구사하기까지 얼마나 많이 읽고 쓸까요? 학원이나 공부방을 다니며 영어실력을 월등하게 다진 친구들은 또 얼마나 많이 공부했을까요?

세상에 저절로 이루어지는 일은 없습니다. 농부가 열매를 맺기 위해서 많은 땀과 노력과 수고를 들여야 하듯, 우리 아이들도 영어 한마디 일상생활에서 사용하지 않는 대한민국에서 원

절대적 학습 시간의 중요성

미국 외교관 서비스 연구소
(FSI, Foreign Service Institute)

미국 회화 수준- 6,000 단어
매일 4~5시간 공부기준 2,200시간

*다른 환경의 경우 시간은 더 많이 길어 질 수 있음

영어 학습의 현실

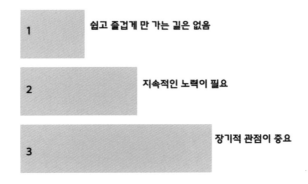

1	쉽고 즐겁게 만 가는 길은 없음
2	지속적인 노력이 필요
3	장기적 관점이 중요

어민처럼 영어를 구사하기 위해선, 쉽게, 그리고 무조건 재미있
게 가는 길이란 없습니다. 부디 이 책을 읽는 부모님들은 아이

에게 저절로 영어를 잘하길 바라는 기대를 하지 않으셨으면 좋
겠습니다. '뿌린 대로 거둔다.'라는 말처럼, 노력한 만큼 영어 학
습의 성취도 이뤄낼 수 있으니까요.

Q10.

영어 원서를 많이 읽으면 영어가 저절로 되지 않을까요?

어린 자녀들을 두고 있는 많은 학부모님들은 이런 기대를 갖습니다. 영어로 책을 많이 읽히면 아이가 영어를 저절로 잘하게 될 것이라고요. 물론 그런 친구들도 있습니다. 원장인 저도 본원에서 아이들에게 원서다독을 시키기 위해 영어도서관을 도입했을 때의 일입니다. 그때 알고 지내던 한 원장님이 '그거 사기 잖아?' 하서서, 평소 조언도 많이 구하고, 또 존경하는 분이라서 그렇게 말씀시기에 놀랐던 기억이 있습니다. 그러나 나중에 다시 만났을 때 영어 원서를 많이 읽고 온 아이들이 있는데, 영어 실력이 꽤 괜찮더라고 말씀하시며 자신의 말에 실수가 있었음을 말씀하시더군요. 영어 원서를 많이 읽은 아이들은 영어의 기본적인 실력이 탁월한 경우를 보이기도 합니다.

다독의 효과

기본 실력
영어 기본 실력이 탁월해 짐

주의점
다독의 양의 기준이 모호함

그런데 여기서 중요한 것은 '많이'라는 것이 얼마나 많은 양을 나타낼까요? 예전에 TV에서 두 자매가 모두 영어를 모국어처럼 잘 구사해서 이슈가 된 것을 본 적이 있습니다. 사람들은 한국에서 사는 어린 두 아이가 영어를 원어민처럼 스스럼없이 구사하는 것을 보면서 놀라워했습니다. 하지만 저는 그것에 놀라워하지 않고 그 어머니의 노력에 놀라워했습니다. 웬만한 영문과 교수님은 저리 가라 할 만큼의 방대한 학습 자료와 원서들…. 아이들이 영어를 잘하기까지 그 어머니의 남다른 노력이 있었던 것입니다. 흔히 엄마표 영어를 꿈꾸는 많은 학부모님이 있습니다. 그런데 그분들 중 다수는 책을 사서 보여 주다가 포기합니다.

왜일까요?

TV 사례 : 영어 잘 하는 자매

tv방송
영어를 모국어처럼 구사하는 자매 소개

실제비결
어머니의 방대한 학습 자료와 노력

그만큼 영어원서를 많이 읽혀서 자연스레 영어실력을 향상시키는 것이 보통의 노력이 필요한 것이 아니기 때문입니다. 대부분의 아이들은 처음엔 그림책처럼 영어를 보다가 글의 양이 많아지면 이해하기 어려워서 더는 책을 보려고 하지 않습니다. 그렇다고 책 읽기에 실패한 아이들이 영어를 못하게 될까요? 그것은 아닙니다. 저자인 저의 학원에서 영어도서관을 도입한 이유는 어쨌든 무조건 책 읽기는 중요할 뿐만 아니라 정말 좋은 학습법이기 때문입니다. 원서 읽기가 좋다고 원서부터 읽히는 것이 아니라 영어를 먼저 알게 하고 원서를 읽히는 방법도 있습니다.

원서 읽기 접근법

기초
영어 기초 학습

진행
영어 실력 향상

원서
원서 읽기 시작

어떤 어머님들은 원서를 읽히시면서 S.R. 점수에 연연하시는 모습을 보이시곤 합니다. 대부분의 경우 영어유치원에 아이들을 보내시는 어머님들이 많이들 그러하시는 경우를 많이 봐 왔습니다, 저의 학원에서 공부한 친구들의 대부분은 처음부터 원서를 읽은 아이들이 그다지 많지 않습니다. 원서 읽히기가 제가 공부방에서 어학원으로 확장해서 이전하게 된 이유이기도 한데요, 그동안 리딩서만 가지고 아이들을 지도해 왔었기 때문에, 아이들 S.R. 테스트를 처음 해 볼 때, 기대를 전혀 하지 않았습니다. 결론부터 말씀드리자면, 영어 원서를 읽히면서 영어를 학습한 친구들 중 책을 좋아해서 한글로 된 책을 많이 읽은 아이들의 S.R. 지수가 무척 높았다는 사실입니다. 한 6학년 아이는 5.6을, 한 중학교 2학년 남자 아이는 무려 7.2의 점수를 얻었습니다. 본 원의 아이들은 읽기 힘든 어려운 책들을 읽지 않습니다. 아이들의 영어 실력에 따라 자신이 이해하기에 쉬운, 충분히 읽을 수 있는 책들을 빌려가서 읽고 문제를 풀어 옵니다. 아이들은 신기하게도 영어로 된 책일지라도 재미있게 읽었던 책은 두 번이고 세 번이고 보려고 합니다. 영어로 된 글을 이해할 수 있는 시기에 읽히는 영어 원서는 아이들에게 즐거움을 선사할 뿐만 아니라, 영어 학습 교재로 흔히 쓰이는 글들에선 볼 수 없는 표현들을 익히게 도와주는 힘이 됩니다. 그러니 지금 혹시 여러분의 자녀가 영어책은 도통 보려고 하지 않는다고 너무 속상해 하지 마시길 바랍니다. 영어를 잘하게 되면 될수록 읽힐 수 있는 책들은 늘어날 테니까요.

원서 읽기와 영어 실력의 관계

기초	흥미
영어 기초 실력 필요	

향상	지속성
자연스러운 영어 실력 향상	

Q11.

원서로 된 책을 읽히기 전에
한국어로 된 책부터 읽히는 게 좋다던데요.

　한국계 미국인 작가가 쓴 《파친코》라는 책이 있습니다. 원서를 읽고는 싶은데, 책장이 거침없이 넘어가서 밤을 꼴딱 새어도 좋을 만큼 재미있는 책을 찾던 중에 싱가포르에서 있었던 작가 인터뷰에서, 질문자가 '이 책을 읽기 시작하면서 책을 덮을 수 없었다.'라고 말 하는 것을 보고 바로 구매해서 읽은 책입니다. 정말 질문자의 말처럼, 많은 사람들의 리뷰처럼, 《파친코》는 근래 몇 안 되는 책을 덮기에 너무 힘들었던 책이었습니다. 작가가 선택한 단어들과 표현, 스토리. 그 하나, 하나가 영화처럼 그려지면서 책에 푹 빠지지 않을 수 없었습니다. 그러던 어느 날 시아버님이 저희 집에 머무시게 되었습니다. 평소 《해리 포터》

를 즐겨 읽으시고, 매 시리즈마다 제목도 정확하게 꿰고 계시는 아버님이셔서《파친코》를 한글 번역본으로 사 드리게 되었습니다. 너무나도 재미있게 있었던 책이었던지라 아버님도 좋아하실 거라고 생각했는데, 좀 읽어 보시다가 다시《해리 포터》를 집으시더군요. '이러실 리가 없는데'라고 생각하며 한글 번역본을 읽어 보았습니다. 그리고는 깜짝 놀라게 되었습니다. 그 책의 표현들은 원작과는 다른 너무나도 생경한 문장들이였기 때문입니다. 원서에서 볼 수 있었던 그 느낌을 번역본에선 찾아볼 수 없었던 것이죠. 그렇다고 번역가가 그것을 잘못 번역했다는 것은 결코 아닙니다. 단지 영어로 쓰인 느낌과 한국어 어감에서, 그리고 표현에서 같은 느낌이 아니었다는 개인적인 생각입니다. 이것은 비단 일반 소설뿐이 아니었습니다. 아이들 책 중에 오히려 어른들이 리뷰 커뮤니티까지 만들어서 공유하던 책이 있었는데, 그것은 바로《달빛을 마시는 소녀》라는 책이었습니다. 이 책 역시 시간 가는 줄 모르고 중반에서 후반부까지는 너무나 재미있어서 잠조차 자기 아까울 정도였습니다. 그런데, 학생 중 한 명이 미국 유명 도서라고 엄마가 한글 번역본 책을 사 주었다는 것입니다. 그래서 가져와 달래서 한번 보니… 원서가 주는 그 느낌이 역시나 너무 달랐습니다.

번역본의 한계

원작과 다른 느낌   생경한 문장들   작가 의도 전달 어려움

물론 번역본 모두가 나쁘다는 것은 아닙니다. 《해리 포터》와 같은 책은 초기 번역본은 초등 6학년이던 아들이 이거 번역 너무한 거 아니냐 했지만 후기 번역본은 꽤 괜찮았고, 고전을 번역해 놓은 어떤 책들은 원서의 그것과 너무도 같아서 놀라지 않을 수 없었습니다. 하지만 아직까지 많은 번역본들이 작가가 그의 언어로 쓴 원서의 묘미를, 그 느낌을 다 살리는 데에는 한계가 있는 것이 아닌가라는 개인적인 생각이 듭니다. 그래서 저는 원서는 원서로 읽는 것을 추천합니다. 원서로 책을 읽다 보면 작가가 의도해서 선택한 단어, 표현, 이 모든 것을 작가의 의도대로 따라가게 되니, 읽는 즐거움이 번역본을 읽는 것에 비해 배가의 배가가 되지 않을까 싶습니다.

번역의 도전

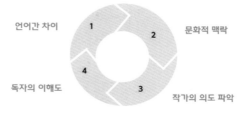

언어간 차이   1

2   문화적 맥락

4

독자의 이해도   3   작가의 의도 파악

제4부

학습 환경 선택과
학원 운영에 관한 오해

많은 학부모들은 '학원에 맡기면 영어실력이 알아서 늘 것이다'라는 생각을 가지지만, 실제로는 학원 선택과 부모의 적극적인 관심이 아이의 성장에 큰 영향을 미칩니다.

이 장에서는 Q12와 Q13을 통해 어학원과 일반 영어학원의 차이 및 영어문법 교육 시기의 문제를, Q14와 Q15를 통해 학원 운영에 전적으로 의존할 때 발생할 수 있는 한계를 논의합니다.

Q12.

어학원과 일반학원에서의 영어는 다르지 않나요?

　많은 학부모님들이 영어학원을 선택함에 있어 어학원과 일반 영어학원이 다르다고 생각하십니다. 학부모님들의 생각에 어학원은 영어로 말하는 것을 더 가르치고 일반영어학원은 영어 시험문제를 잘 보도록 가르치는 곳이라고 생각합니다. 실제로 학원들은 그렇게 양분되어 있습니다.

1 어학원
2 일반영어학원

시중에 보면 영어에 관한 많은 참고서들이 있습니다. 토익문법, 공무원영어문법, 편입영문법, 수능영문법 등 이렇게만 놓고 보면 마치 목적에 따라 영어문법이 다른 것처럼 보입니다. 그렇다면 과연 영어문법이 목적에 따라 다를까요? 정답은 '아니오'입니다.

영문법의 본질

목적 정확한 영어 해석	목적 정확한 영어 표현

1. speaking 따로
2. 문법 따로
3. 듣기 따로

영문법이라는 것은 영어를 정확하게 해석하기 위해서, 그리고 우리말을 영어로 정확하게 전달하기 위해서 배우는 것입니다. 제가 이 얘기를 꺼낸 이유는 학원에서 가르치는 영어도 사실은 서로 다른 것을 가르치는 것은 아니라는 것을 말하고자 한 것입니다.

어학원에서도 목적은 영어를 잘하게 하기 위해서 가르치는 것이고 일반영어학원이나 영어입시학원도 영어를 잘 하게 하기 위해서 가르치는 것입니다. 그렇기 때문에 영어를 배우게 하는 데에 있어서 speaking 따로, 문법 따로 듣기 따로, 아이의 학년 에 따라 다르게 가르치는 것이 정작 영어 자체를 목적으로 하는 데 있어서는 잘못된 방향일 수 있다고 저자인 저는 생각합니다. 언어라는 영어를 습득하기 위해서 우리는 이제까지 따로 따로 생각했던 영역을 고루 발달시켜야 영어는 아이들에게 진정으로 언어로써 습득되고, 부모님들이 기대하시는 것처럼 영어로 자 신의 생각을 쓰고, 말하고, 다른 사람들과 소통하는 아이로 성장 할 수 있습니다.

효과적인 영어 학습 방법

꾸준한 독서   다양한 청취   규칙적인 작문   적극적인 대화

Q13.

영어문법은 고학년부터 시작해야 한다고 들었어요.

본원을 찾는 어머님들 중의 다수가 영문법에 대해 '어려운 것'이라고 생각합니다. 실제로 대한민국에 많은 영어 교육자들도 문법은 고학년에 하는 것이라고 생각하고 있습니다. 그럼 정말로 영문법은 고학년이 되어서야 이해 가능한 학습의 영역일까요?

앞서 어머님들 사이에서 '영유를 나와도 중학생이 되면 다 똑같아진다더라.'라는 말이 오간다고 했는데요, 그 이유가 바로 영문법에 있습니다. 영문법은 도대체 왜 필요한 것일까요? 필자가 어렸을 때, 저는 영어에 대한 환상이 굉장히 컸습니다. 그 당시 유명한 히트작인 영화들은 모두 할리우드에서 만들어진 것이었고, 당연히 주인공들도 영어를 구사하는 서양인들이었습니다. 그래서 저에게 있어 영어로 말한다는 것은 굉장히 멋진 일이라고 생각이 되었습니다. 그래서 처음 중학교에 들어가기 전날 밤, 저는 밤을 꼬박 새우고야 말았습니다. 왜냐하면 중학교에 가면 드디어 나도 영어 공부를 시작할 수 있다는 기대 때문이었습니다.

영문법에 대한 오해

1 어려운 것
많은 학부모와 교육자들의 인식

2 고학년 학습
늦은 시작이 적절하다는 믿음

3 실제 필요성
영어 능력 향상을 위한 중요성

영문법 학습의 현실

암기식 학습   이해 없는 공식   문제점
현재 진행형: be + 동사ing   현재 완료: have + p.p   실제 언어 사용과의 괴리

초등학교에 입학했을 때, 처음 교실에서 당황스러운 경험을 한 적이 있습니다. 당시엔 초등학교에서 단어들을 가르치며 한글을 뗄 수 있었던 시기였습니다. 그래서 저는 딱 제 이름만 쓸 수 있도록 준비해서 학교를 갔는데, 다른 아이들이 이미 한글

을 떼고 와서는 '바른생활'이라는 교과서를 줄줄 읽었기 때문이었습니다. 한글을 모른다는 것을 들키지 않으려고 마치 저도 글을 읽는 것처럼 흉내 내었고, 한글을 떼고 오지 못한 제가 바보인 것처럼 느껴져서 창피했었습니다. 필자인 제가 중학교에 입학하던 때에도 역시 알파벳을 중학교 입학을 하면 가르치는 시기였습니다. 그런데 반에서 상당수의 아이들이 제가 초등학교 1학년에서 경험한 것처럼, 영어를 미리 학습하고 와서 곧잘 영어를 하는 것이었습니다. 영어부장인 친구는 저에게 '너는 네 이름도 영어로 쓸 줄 몰라?'라며 놀라기까지 하였습니다. 배워 본 적이 없어서 그런 것인데, 그 말에도 저는 또 주눅이 들어 버렸습니다. 그러나 영어를 너무 배우고 싶었던지라 알파벳부터 의욕적으로 열심히 배워 나갔습니다. 그러나 제가 원하는 방향으로 영어를 학습할 수 없었습니다. 선생님의 발음이 내가 봤던 영화에서의 외국인들과는 전혀 다른 발음인 데다가, 나는 빨리 영어로 내 생각을 쓰고, 말하고 싶은데 외계어처럼 느껴지는 전혀 이해할 수 없는 문법의 용어들을 가지고 수업을 하시고, 영어 공부 방법에 대해선 전혀 가르침을 받지 못하니… 영어를 너무 잘하고 싶어 했음에도 불구하고 전학을 간 한 학교에서는 2학기 첫 시험에서, 무려 기적의 점수인 빵점을 받고야 말았습니다. 물론 전학 간 학교 영어교재를 한 번도 안 보고 시험을 보긴

했지만, 그래도 빵점이라는 신기의 점수를 받게 되니, 반의 모든 아이들이 나를 바보 취급하면 어쩌나 걱정이 되었습니다. 한 번 호로만 찍어도 20점은 나올 법도 하지만, 모르면서도 풀고 싶은 마음에 놀랍게도 모든 답을 제외하고 오답만을 선택한 능력을 보여 주었던 것이죠. 많은 학부모님들이 저의 경험에 어느 정도 공감을 하실 거라 생각합니다. 물론 저처럼 영어 시험에서 빵점을 맞아 본 경험들은 없으시겠지만요. 영어의 문법에 대해 누구에게나 현재진행형에 대해 물으면 바로 be + 동사원형ing라고 바로 튀어 나올 테니까요. 그리고 조금 더 영어 공부를 좀 했던 분에게 현재완료를 물어보면 have + p.p라고 말을 할 것입니다.

제가 학교에서 배웠던 영어는 이해하지 못하는 영문법 용어 등으로 가르쳤기 때문에 영어를 정말 잘하고 싶은 의지를 가졌지만, 영어를 드디어 배울 수 있게 되었다는 설렘에 새벽까지 잠에 못 든 필자인 저조차 영어를 제대로 배우지 못했습니다. 문법을 이해하지 못한 채, 마치 수학의 공식처럼 외워서 공부해야 하는 그 당시의 공부법이 저에게는 맞지 않았던 것입니다. 이런 이유로, 저와 같은 경험을 하셨을 다수의 학부모님들은 영문법은 아이들이 공부하기엔, 혹은 이해하기엔 어려운 것이라 여겨 고학년부터 시작하는 것이 최선의 방법이라고 생각하시는 것 같습니다. 그래서 저 역시 영어를 잘하는 것과 문법을 잘하는 것은 별개라고 생각했습니다. 저처럼 다수의 중년이 된 학부모님들도 중학교 3년, 고등학교 3년, 총 6년의 시간을 영어 학습을 했음에도 영어를 언어로 구사하는 분들이 많지 않은 것도 이 때문이 아닐까 생각 합니다. 이런 이유로 아직도 많은 분들이 영어로 말을 잘하는 것과 영문법을 잘하는 것이 별개라고 생각하시지 않을까 생각됩니다. 하지만 아시나요? 영어를 모국어로 사용하는 국가의 아이들도 유치원 때부터 영문법에 대해 학습한다는 것을요. 모국어가 영어인 아이들도 영문법을 학습하며 공부한다는 사실에 대해 우리 모두가 영문법을 달리 생각해야 하는 충분한 이유가 있다고 저는 생각합니다.

영어와 문법의 관계

말하기
유창한 영어 구사

문법
정확한 언어 사용

균형
두 능력의 조화 필요

Q14.

학원에 맡기면 영어 실력은 알아서
늘어야 하는 것 아닌가요?

　많은 학부모님들과 상담을 하다 보면 의외로 많은 분들이 아이의 학습은 모두 학원에서 알아서 해 주길 원하십니다. 고등학생 아이를 둔 엄마로서 그리고 교육자로서 본 바로는 이런 생각을 가진 어머님들의 아이들의 다수는 부모님이 지불한 비용에 비해 아이들의 실력이 민망할 정도라는 사실입니다. 다 그런 것은 아니지만 수업과 커리큘럼만 제공하는 학원들이 상당히 많습니다. 엄마로서 저 역시 영어를 제외한 다른 과목들을 잘 지도해 줄 좋은 학원을 찾는 것이 많이 어려웠습니다. 그래서 학원에서 알아서 해 줄 것이라고 막연히 무조건 믿고 보내기보다 아이가 학원에서 무엇을 배우고 있는지 어머니의 관심이 필요하고,

아이가 잘 따라가고 있는지 잘 살펴주셔야 하며, 아이가 학원 숙제를 할 수 있도록 엄마가 정성과 노력을 들이셔야 합니다.

가령 말로만 '숙제 했니?, 빨리 해야지.'라고 다그치기만 하다 보면 아이와의 관계가 나빠지다 보니, 어떤 부모님들은 그냥 학원에서 알아서 해 줬으면 하는 마음에 아이의 학습에 대해선 외면하곤 합니다. 그러다 중학교나 고등학교 때 '우리 아이는 공부는 글렀나보다.'라고 체념을 하시는 경우도 왕왕 있습니다.

극성 vs 무관심

극성 비난
과도한 교육열 비난
1

무관심의 결과
학업성취도 저하
2

균형 잡힌 접근
적절한 관심과 접근
3

    공부를 잘하지 못하는 것이 비단 아이만의 문제일까요? 아이가 초등시절 엄마들끼리 만나 차를 마시면 많이들 화제로 삼는 것이 '누구누구는 극성이더라.', '치맛바람이 그렇게 세서 되겠냐.' 하시며 유달리 아이의 학업에 열심이신 어머님들이 비난의 대상이 되기도 하고, 방송에서도 사교육을 부정적으로 다루는 기사들이 많다 보니 '그렇게까지 시켜야 하나, 할 아이는 다 한다.'라며 아이의 교육에 많은 관심을 가지는 것을 극성이라며 터부시하는 경우가 있습니다. 그러나 제 주위만 돌아보아도 어린 시절 어머님들이 극성으로 아이를 교육했던 그 아이들은 못해도 서울에 있는 대학에 들어갔고, 조금 더 좋은 출발선에서 사회생활을 시작했습니다. 그러나 '극성이다.' '치맛바람이다.'라며 비난하시던 어머님들의 자녀들 중 다수는 그러하지 못했습니다. 물론 인생에 있어 학벌이 전부일 수 없지만 내 아이는 나보다 더 좋은 환경에서 살기 원하시는 마음은 모든 부모가 같을 것이라고 생각합니다. 대부분의 어른들은 '학창시절 공부를 잘해서 좋은 대학부터 나와야 사회에서 좀 더 좋은 직장, 더 좋은 출발점에서 일을 시작 할 수 있다'라고 생각하십니다. 그래서 다수의 부모님들이 '공부해라, 공부해라' 말씀을 하십니다. 그러면서도 정작 아이의 학습에 대해선 학원에서 알아서… 라고 여기시는 것이 교육자인 저로서는 무척 안타깝게 생각됩니다.

이런 저의 생각을 누구에게 얘기하면 tv에서 자식에겐 공부하란 소리를 한 번도 한 적이 없는데 그 아이들은 유수의 대학에 들어가며 성공적인 삶을 살고 있지 않느냐 하시는 분들이 계십니다. 그러면 저는 조용히 미소 지으며 '그렇게 특별하니까 tv에 나왔죠.'라고 말씀드립니다. 나의 아이가 부모님의 특별한 관리 없이 스스로 자기의 학업에 열중해 준다면 얼마나 좋을까요? 하지만 아쉽게도 대부분의 우리 아이들은 마냥 노는 것이 행복하고 즐겁습니다. 특히나 요즘처럼 스마트폰을 누구나 가지고 있는 시대이기에 더 자극적이고 즉각적인 즐거움을 주는 거리들이 넘치기에 정적으로 공부를 하는 것을 아이들은 더 어려워할 수도 있습니다. 그렇기에 그 어느 시대보다 부모님들이 아이들의 교육에 관심을 가지고 함께 지지하고 응원하고, 또 이렇게 어려운 공부를 해야 하는 아이를 위로해 주실 수 있는 공감감과

유대감이 더 절실히 필요하다고 생각됩니다.

TV 사례의 오해

특별한 경우
TV에 나오는 사례는 예외적임

현실과 괴리
대부분의 아이들은 부모의 관리가 필요

일반화의 위험
특별한 사례를 일반화 하지 말 것.

그러면 어떻게 지지하고 응원하고 위로해 줄 수 있을까요? 바로 다그치지 않고 인내심을 가지시고 아이가 숙제를 할 때 함께 해 주세요. 물론 맞벌이를 하시는 분들은, 특히 어머님들은 집 안일도 병행해야 하기 때문에 여간 고단한 것이 아니시겠지요. 하지만 세상에 내 아이를 잘 키우는 것보다 중요한 일이 있을까요? 아이의 교육을 위해 가사 일은 남편과 분담하며, 그렇지 않고서는 남는 시간이란 우리에게 없을 테니, 시간을 만들어서 아이가 과제를 할 때 꼭 함께하길 노력해 주시면 우리 아이들이 과거에 비해 얼마나 고군분투하며 공부를 해야 하는지 이해하실 수 있고, 숙제를 왜 아직도 안 했냐며 화내시는 일도 줄어들 것입니다. 여기서 중요한 것이 또 있는데요, 절대 결과에 집중해서 아이에게 칭찬이나 비난을 하시지 말고 대신에 아이의 노력에 칭찬을 많이 해 주시길 바랍니다.

효과적인 지원 방법

함께하기
숙제할 때 곁에 있어주기

이해하기
아이의 어려움 공감하기

격려하기
노력에 대한 칭찬하기

　과거 미국의 한 대학에서 초등생 아이들을 대상으로 한 실험을 하였습니다. 모두 비슷한 수준의 아이들을 두 그룹으로 나누어 동일한 학습과제를 주고 교사가 아이들에게 가르치고 아이들이 그 문제들을 스스로 해결할 수 있도록 하였습니다. 한 집단의 아이들에게는 '너는 참 똑똑하구나! 잘했어'라고 칭찬을 해 주고 다른 집단의 아이들에게는 '네가 정말 열심히 했구나! 잘했어'라고 칭찬을 해 주었다고 합니다.

시간이 지나면서 점점 과제의 난이도는 올라가게 되었는데 똑똑하다는 칭찬을 들은 아이들은 시간이 지날수록 어려운 문제들을 회피하는 경향을 보이고 열심히 했다는 칭찬을 들은 아이들은 더 어려운 문제들을 해결하려는 의욕을 보였다고 합니다. 두 그룹의 아이들 중 어느 그룹의 아이들이 더 좋은 결과를 이뤄 냈을까요? 네, 맞습니다. 바로 '열심히 했구나'라는 칭찬을 들은 아이들이 놀라운 실력 향상을 이루어 내었습니다.

영어 공부는 앞서 거듭 설명했듯 끝이 멀기만 한 것 같은 마라톤과 같습니다. 요즘 우리 아이들에게 비단 영어만 그런 것은 아닐 테지만, 영어 단어는 외워도, 외워도 계속해서 외워야 하고, 요즘처럼 문법에 정확한 이해를 가지고 영작을 할 수 있어야 하는 경우엔, 독해를 소홀히 할 수도 없는 상황에서 더 많은

학습량과 시간이 요구됩니다. 이런 상황에서 엄마가 아이가 영어를 학습(과제)을 할 때 곁에서 함께해 주시면서 '어머~ 우리 누구는 매일매일 과제 하는 모습이 엄마로서 너무 고맙고 자랑스럽다.'라고 하시거나 '이렇게 어려운 걸 네가 하고 있다니, 너도 많이 힘들겠구나, 하지만 힘들다고 안 할 수 없으니 좀 더 기운내서 해보자'라고 응원도 해 주시고, 아이가 숙제를 모두 끝냈을 때는 '열심히 잘했어.'라고 칭찬해 주신다면 아이들의 엄마나 아빠의 격려와 자신의 어려움을 알아주고 칭찬해 주는 모습에 부응하기 위해 더 열심히 할 것입니다. 표현을 잘 하지 않는 분들에게는 닭살 돋는 말들이겠지만, 언어도 습관이 됩니다. 아이들에게 사랑한다는 말, 열심히 해서 자랑스럽다는 말 한마디, 한마디가 우리 아이들을 더 건강하게 자랄 수 있게 해 줍니다. 그러니 지금부터라도 시작해 보시길 추천드립니다.

효과적인 격려 방법

일관성성	공감
'매일 과제를 마치는 모습이 대견하다'	'어려운 것을 하고 있어서 힘들겠구나'

응원
"조금만 더 기운 내서 해보자. 세상엔 안되는 것은 없어. 할 수 있다'

그리고 많은 아이들을 지도해 본 제가 그동안 깨달은 것은 대부분의 아이들이 엄청난 잠재력이 있는 우수한 인재라는 사실입니다. 그런 아이들이 부모님의 의도치 않은 무관심으로 인해 스스로 자존감을 낮추고 공부는 특별한 아이들의 전유물로 생각해서 더 좋은 길로 갈 수 있었을 기회를 놓치는 모습을 보게 됩니다. 부모님들 역시 자신의 아이는 특별하지 않아서 그렇게까지 잘될 것이라고 초등고학년 시기나 중학생시기에 단정을 짓고 그렇게까지 교육에 열성을 보이시지 않는 경우도 많이 보게 됩니다. 부모님들께 꼭 당부 드리고 싶은 것은 영어든 다른 학습이든 우리 아이들은 누구나 잘할 수 있다는 것입니다. 그러니 아이들의 교육활동에 더 관심을 가져 주시고 아이들이 잘 헤쳐 나갈 수 있도록 늘 든든한 지원군이 되어 주시길 바랍니다. 다수의 경우 아이들의 학벌은 부모님이 만들어 주신 환경에 의해 좌우되는 경우가 많으니까요.

부모님의 인식 변화 필요

1 **고정관념 탈피**
'우리 아이는 특별하지 않다' 는 생각 버리기

2 **가능성 믿기**
모든 아이의 잠재력 인정하기

3 **지속적 지원**
꾸준한 관심과 격려 제공하기

저는 근무로 늘 바빠서 아이가 활동하는 시간에 맞춰서
함께해 주기 어려워요.
그래서 학원에서 다 알아서 해줬으면 좋겠어요.

바쁜 부모의 고민

1 시간부족
아이 활동 시간과 맞추기 어려움

2 학원 의존
모든 것을 학원에 맡기고 싶음

3 죄책감
자녀 교육에 충분히 관여하지 못함

　제가 만난 학부모님들 중 IT업계에 종사하시거나 3교대 근무
를 하셔서 아이의 활동시간과 시간을 맞추기 어렵다고 토로하
시는 분들이 계셨습니다. 한 어머니의 사례는 늘 아침 일찍 출
근을 하셔서 밤 10시, 11시에 퇴근을 하시다 보니 아이의 조부

모님에게 아이를 부탁하신 경우셨습니다. 아이는 틱 장애까지 가지고 있었는데요, 그러다 보니 수업시간에 계속해서 쿵쿵거리는 소리를 내서 다른 아이들이 불편해하기도 했습니다. 아이들에게 친구의 그런 모습을 불편해해서는 안 된다고 지도를 하고 저 역시 아이가 그런 모습을 보일 때, 일부러 그런 행동에 무관심한 모습을 보였습니다. 아이는 학습함에 있어 어려움이 없었습니다. 제대로 된 지도를 받고 학습을 시키니 만점을 너끈히 받았습니다. 문제는 집에서 학습이 전혀 이루어지지 않다보니 집에만 다녀오면 만점을 맞았던 시험도 2~30점대로 내려간다는 사실이었습니다.

사례1: 과도한 활동

태권도   축구   수영   국어,영어,수학 학원

아이의 어머니와 상담을 했을 때, 저는 왜 아이가 과제를 할 수 없는지 그리고 왜 틱 장애가 있는지 알 수 있었습니다. 아이는 체육활동과 같은 동적인 활동을 좋아한다고 합니다. 그래서 낮에 태권도, 또는 축구, 그리고 저녁을 먹고 수영까지 다닌다고

하였습니다. 그것 이외에도 아이는 영어와 함께 수학 국어 학원
도 다녔지요. 그러니 하루 일과를 마치면 이미 그 어떤 학습을
할 기력이 남아 있을 턱이 없었습니다. 그러면서 어머니는 볼멘
소리로 '과제가 아이가 하기에 너무 많아요.'라고 하시는 것이
였습니다. 아마 지금도 우선순위 영단어 3,600 시대라면 아이들
에게 그렇게까지 영어에 매달리게 하지 않아도 되고, 초등시절
얼마든지 활동과 게임 중심의 영어 학습을 시킬 수 있을 것입니
다. 그러나 문제는 지금 우리 아이들은 최대 12,000개의 단어를
암기하고, 논문에서 발췌된 내용의 문제들을 수능에서 만나야
한다는 것입니다. 그러니 아이를 키우는 엄마로서 저는 정말 최
소한, 최대의 효율을 올릴 수 있는 방법의 숙제를 내준 것이었
습니다. 게다가 숙제 양은 30분이면 끝날 양이었습니다. 먼저는
아이 어머니에게 지금 아이가 하고 있는 활동들이 너무 많으니
공부할 수 있는 시간이 주어지도록 활동을 조금 줄여 보시는 것
이 어떠시냐고 의향을 물었습니다. 아이의 어머니는 '애가 좋아
해서 어쩔 수 없을 것 같아요.'라고 하시는 것이었습니다. 그 아
이는 결국 다른 아이들만큼 실력을 올릴 수 없었기 때문에 학원
을 그만두어야 했습니다.

다른 아이의 엄마는 3교대 근무로 아이의 학업에 도움을 주기

어려운 상황에 놓였습니다. 집 주변의 다른 영어학원들을 다니다가 아이가 5학년이 되어서야, 익히 소문을 듣고 알고 있었지만, 이제야 찾아오신 거라며 학원으로 아이를 데리고 오셨습니다. 아이를 테스트해 본 결과 역시 의외로 다수의 아이들이 그렇듯 파닉스부터 시작해야 했습니다. 1학년 아이들과 함께 수업을 시작해야 했지만, 어머님이 저의 대한 신뢰가 이미 있는 상태에서 오셨고, 아이 역시 영어를 잘해 보고 싶다고 하여 수업을 함께 시작하게 되었습니다. 파닉스나 기초문장을 학습할 때는 별다르게 못하는 편은 아니었습니다. 하지만 초등 저학년 시절 학습 습관을 놓친 다수의 아이들이 그렇듯이 이 아이 역시 과제를 한다는 것, 배운 내용을 학습해 온다는 것을 너무도 어려워하였습니다. 같은 양의 숙제를 시켜도 초등 저학년 학습 습관을 놓친 많은 아이들은 40분 정도 분량의, 그 학습량을 따라가는 것을 버거워합니다. 초등 저학년들은 엄마나 선생님 말씀을 대체로 잘 듣고 열심히 과제를 해 오는 반면, 고학년에 아이들 중 학습력이 부족한 친구들은 심지어 힘들다며 엉엉 울기도 합니다. 이런 경우 아이를 안쓰러워하시는 부모님들의 경우 (흔히 공부가 인생의 전부는 아니니까라고 생각하시는 부모님들이) 중도에 다수가 포기합니다. 하지만 이 어머니께서는 지금 얼마나 영어가 중요한지를 알고 계신 분이었습니다.

영어의 중요성

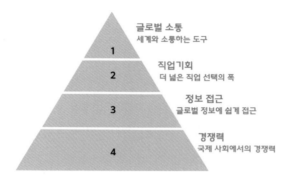

영어는 더 이상 학교에서 점수를 잘 맞기 위해서 좋은 대학에 들어가기 위해서 필요한 과목이 아닌, 아이들이 직업을 찾고 세상에서 뒤처지지 않고 살아갈 수 있도록 꼭 필요한 요소임을 저와 마찬가지로 많이 공감하고 계셨습니다. 그렇기에, 아이가 힘들다고 엄마에게 투정을 부렸을 법도 하지만 항상 저의 학습 방향을 지지해 주시고 집에서 하지 못한 학습을 학원에서 시키기 위해 불렀을 때, 그 시간에 맞춰서 아이가 학원에서 학습할 수 있도록 스케줄 조정도 해 주셨습니다. 영어 학습의 경우 국어력도 중요하기 때문에 책 읽기를 강조하는데, 이 친구는 독서도 그다지 하지 않은 편이어서 책을 훑어보듯 하고 단어 학습의 경우도 집에서 해 와야 하는 것들을 하지 않아서 시험 볼 때 마다 어려워하였습니다. 교육자로서 저는 가르치기 쉬운 아이들만 가르치는 것은 교육자로서의 마음가짐이 아니라고 생각합니다. 내가 할 수 있는 한 모든 힘을 다해 아이를 포기하지 않고 이끌어 주는 것이 진정한 교육자의 모습이라 생각하기에 아이를 어떻게 더 도와줄 수 있을까를 항상 고심하며 아이마다 도와줄 수 있는 방법을 고안하여 지도하기를 힘씁니다. 이 친구의 경우는 가정에서 학습량이 현저히 부족하고, 지문도 훑듯이 읽었기 때문에 그 부분을 수업이 없는 다른 날에 학원에서 숙제를 하고 지문도 정확하게 소리 내어 읽도록 지도하기를 힘썼습니다. 물론 아이에게 하지 않은 것에 대한 질책과 성실히 했을 때, 수고에 대한 칭찬, 그리고 성장하는 것에 대해서 칭찬도 절대 잊지 않고 많이 해 주었습니다. 영어에 어려움을 겪던 아이들이 영어의 어려움을 극복해 내며 성장하는 모습을 보는 것 때문에 그 감동과 즐거움이 교사로서 한 아이 한 아이 포기하지 않고 열심히 살아갈 수 있는 삶의 원동력이 되는 것 같습니다. 만약 여러분의 자녀가 이런 유형이라면 아이를 지지하고 돌봐줄 수 있는 학원을 열심히 찾아보셔야 합니다. 누구나가 나의 아이를 직접 챙겨 줄 수 있는 시간적인 여유를 가진 것은 아니니까요. 그러나 여러분이 아이와 함께할 수 있는 시간이 있다면 결코 학원에만 맡기시는 것은 옳지 않습니다. 그것은 이렇게까지 아이들을 지도하는 학원을 찾는 것은 너무나 어려운 일일 테니까요. 항상 아이의 영어 학습에 관심을 가지고 지금 하는 학습이 아이가 소화할 수 있는 것인지, 학원에서 관리는 잘되는지 살펴보셔야 아이들의 귀중한 시간을 아이들의 자산으로 만들어 주실 수 있을 것입니다.

결론: 균형 잡힌 접근

학원 활용
전문적 지도 받기

부모의 관심
지속적인 관심과 지원

시간 관리
효율적인 학습 시간 배분

장기적 안목
미래를 위한 투자로 인식

제5부

아이의 실력 평가와
효과적인 교수법

아이의 영어 실력을 정확하게 파악하고, 효과적으로 지도하기 위한 평가와 교

수법은 영어 교육의 성공을 좌우합니다.

Q16.

우리 아이가 열심히 영어를 하긴 하는 것 같은데
도통 얼마만큼의 실력인지는 가늠이 안 돼요.

　학원을 보내시는 다수의 어머님들은 본인이 영어를 잘 모르
시는 경우 아이의 실력이 얼마나 되는지 모르겠다 하시는 분들
도 많고, 본원에 아이를 보내시는 분 들 중 소수는 아무리 영어
학습의 결과물들을 보내 드려도 어머님이 영어를 모르시니 '아
이가 얼마나 잘하는지는 모르겠다.' 하시는 분들이 계셨습니다.
큰 아이를 두신 경우엔 초등 5학년밖에 되지 않은 아이가 언니
의 영어 학습서를 사는 서점에 따라갔다가 중3 학년 언니의 교
재를 술술 읽고 문제를 맞히니 그때서야 '우리 아이가 엄청 잘하
는구나.'라고 알게 되었다는 분도 있었습니다. 그래서 어떤 부
모님들은 아이를 데리고 이 학원, 저학원 레벨테스트를 보러 다

니시기도 하는데요. 많은 학원들의 레벨 테스트가 학원마다, 프랜차이즈마다 다르다 보니 아이의 실력을 어느 곳에서는 제법한다고 하고 어느 곳에서는 많이 부족하다고도 하니 근심을 많이 가지고 방문하시는 분들도 계셨습니다. 그럼, 어떻게 우리아이의 영어 학습 실력을 정확히 확인할 수 있을까요? 100% 정확하게 진단한다는 것은 모든 영역에서 어려운 일이 아닐까 싶습니다. 게다가 영어는 그 특성상 언어이기에 스피킹만 혹은 리딩만을 가지고 아이가 영어를 잘한다, 못한다 하기가 어려운 것이 사실입니다. 그래서 교재에서 특정 회사의 테스트를 언급하는 것이 다소 조심스럽기는 하지만 저는 개인적으로 **능률회사에서 만든 넬트 시험**을 주로 보고 있습니다.

넬트 시험 소개

객관적 지표　　　능률 회사 개발　　　타당성 우수

교재를 만드는 회사이니만큼 어떤 시험보다 객관적인 지표를 자세히 잘 보여 주는 점이 이 시험의 장점이라고 여겨집니다. 비하인드 스토리로 능률에서 이 시험을 만들게 된 계기도 그 회사의 임원 중 한 분이 아이를 키우는 학부모였기 때문이라고 합니다. 아이가 고학년이 돼 가면서 아이의 영어 실력을 객관적으로 너무도 확인하고 싶으셨던 그분이 이것에 아이디어를 내면서 진단프로그램 개발로 이어지게 된 것이지요. 그동안 어머님들께 아이들이 너무도 잘하고 있다고 설명하는 것이 다소 힘든 부분이 없지 않았던 저에게, 또 한 번은 정말 잘 가르쳐 놓으니 '우리 아이가 남달라서.'라고 생각하셨던 어머님이 대형으로 아이를 데려가 버린 일도 있었기에 사실 이 프로그램은 저에게 있어 너무나 좋은 기회가 되었습니다.

넬트 시험 장점

상세한 분석   정확한 진단   균형 잡힌 평가

어머니들에게 객관적인 증거를 제시할 수 있는 강력한 우군이 생긴 것과 같았습니다. 잘 하는 아이는 전국 상위 1%에서 3%를, 다소 실력이 부족한 친구들에겐 그 친구가 어려워하는 점이 무엇인지 알 수 있는 프로그램이어서 아이들을 가르치는 교육자로서도 좋은 도구가 되어 주었고, 어머님들께는 아이의 실력이 어느 정도인지 객관적으로 볼 수 있어서 올바른 방향으로 아이를 지원하고 있구나 하는 안도감을 드릴 수 있었습니다.

영어를 잘한다는 것은 스피킹, 리스닝, 문법, 리딩 그 모든 것이 어느 한쪽으로 치우치지 않고 골고루 튼튼히 고루 발달해야 하는 것입니다. 그러니 굳이 엄마표 영어가 아닌 교육기관에 아이를 맡기신다면 엄마가 먼저 이 사실을 인지하고 이렇게 아이들을 잘 이끌어 줄 수 있는 교육기관을 찾아 아이를 보내는 것을 추천 드립니다.

넬트 시험 결과 해석

1 — 전국 상위 비교

2 — 취약점 파악

3 — 개선 방향 제시

교육기관 선택 기준

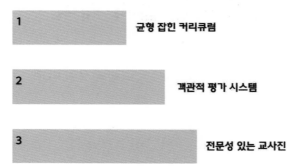

1   균형 잡힌 커리큘럼

2   객관적 평가 시스템

3   전문성 있는 교사진

영어는 어떻게 배우게 해야 좋을까요?

먼저 제가 고수하고 있는 영어교수법에 대해 설명하기 왜 지금까지 많은 영어교육시장에서 영어를 모국어처럼 배우게 해야 한다고 주장해 왔는지 유명한 분들의 언어교육학 몇 가지를 소개하고자 합니다.

첫 번째는 칼란 방법입니다. 이것은 로빈 칼란이 개발한 언어학습 접근법입니다. 이 학습법은 학생들이 말하기와 듣기 이해에 초점을 맞추면서 아이들의 영어 실력을 빠르게 향상시키도록 돕기 위해 고안되었습니다. 이 방법은 지속적인 수정, 적극적인 참여, 몰입의 원칙을 기반으로 합니다.

칼란 방법에서, 선생님은 학생들을 대화에 참여시키고 구조화된 훈련을 통해 학생들을 안내하기 위해 특정한 기술 세트를 사용합니다. 선생님은 빠르게 질문을 하고 학생들은 즉시 반응하여 모국어로 번역하지 않고 영어로 생각하는 능력과 반사신경을 발달시키는 것을 목표로 합니다.

Callan 방식의 학습법의 주요 기능은 다음과 같습니다:

- 반복: 학생들은 어휘, 문법 구조, 그리고 발음을 강화하기 위해 선생님을 따라 반복합니다.

- 직접 보정: 선생님들은 나쁜 습관이 생기는 것을 막고 정확성을 높이기 위해 실수를 즉시 고치도록 노력합니다.

- 빠른 속도: 이 방법은 학생들이 자발적으로 반응하고 영어로 생각하도록 격려하기 위해 빠른 질의응답 시간을 강조합니다.

- 시각 보조 장치 사용: 선생님은 이해력과 기억력 유지를 지원하기 위해 플래시 카드와 같은 시각 보조 장치를 활용합

니다.

• 새로운 재료의 점진적인 도입: 각 수업은 이전에 학습한 자료를 바탕으로 새로운 어휘와 문법을 체계적으로 소개합니다.

칼란 방법 (Callan Method)

| 1 | 로빈 칼란 개발 | 2 | 말하기와 듣기 중심 |

| 3 | 빠른 질문-응답방식 |

Callan 방법은 집중적이고 역동적인 특성으로 알려져 있습니다. 그것은 비교적 짧은 기간에 학생들에게 영어 능력에 대한 탄탄한 기초를 제공하는 것을 목표로 합니다. 하지만, 그것은 읽기와 쓰기 기술에 덜 중점을 두고, 주로 말하기와 듣기에 집중한다는 비판을 받아 왔습니다. 개인적으로 유아기의 아이들에게는 이 방법이 꽤 효과적으로 사용될 수 있으나 모국어가 이미 확립되어 있는 상태에서 단시간 만에 이 방식을 활용하여 영어를 학습하기에 짧은 문장들은 감각적으로 적응하여 사용할 수 있으나 다소 복잡한 내용들은 설명 없이 습관적으로 바로 바

로 따라 하기에는 다소 무리가 있는 학습법이라고 생각됩니다.

두 번째 소개시켜드릴 학습법은 베를리츠의 학습법입니다.

막시밀리안 베를리츠가 개발한 베를리츠 학습법은 또 다른 인기 있는 언어 교수법입니다.

Berlitz Method의 주요 특징은 다음과 같습니다.

- 몰입: 베를리츠 방법은 몰입과 의사소통 능력에 중점을 둡니다. 학생들은 언어 습득을 향상시키기 위해 실제 상황을 사용하여 처음부터 목표 언어로 말하도록 권장됩니다.

- 소규모 그룹 또는 일대일 지침: 수업은 보통 작은 그룹으로 진행되거나 개별적인 수업을 통해 진행됩니다. 이를 통해 개인화된 주의력과 충분한 말하기 연습이 가능하다고 주장합니다.

- 대상 언어만: Berlitz Method는 수업 중에 학생의 모국어 사용을 금지합니다. 대신, 언어가 풍부한 환경을 만들기 위해 대상 언어를 독점적으로 사용하는 데 중점을 둡니다.

베를리츠 방법 (Berlitz Method)

1 막시밀리안 베를리츠 개발   **2** 몰입식 학습

3 목표 언어만 사용

이 학습법이 우리나라 대부분의 어학원에서 추구하는 방식으로 아이들이 초기 언어들은 어느 정도 따라가는 것처럼 보이지만 다수의 아이들이 이해를 하지 못한 상태에서 의사소통 중심으로 영어를 학습하기 때문에, 정확성에서 많은 오류를 가져올 수 있고 목표한 만큼, 시간대비 큰 성장을 이루지 못한 경우가 발생되기도 합니다.

세 번째로 소개할 학습법은 Michel Thomas의 학습방법입니다.

그는 혁신적인 교수법으로 유명한 언어 교육자였습니다. 그의 접근 방식은 자신감을 쌓고 언어 학습을 가속화하기 위해 패턴을 사용하는 데 초점을 맞춥니다. 다음은 Michel Thomas의 교수법에 대한 몇 가지 주요 세부 사항입니다:

• 암기 또는 숙제 없음: Michel Thomas 방법의 한 가지 독특한

특징은 암기나 숙제가 없다는 것입니다. 학생들은 어휘 목록을 외우거나 광범위한 필기 연습을 할 필요가 없습니다.

- 구어 강조: Michel Thomas는 처음부터 말하기와 듣기 기술을 개발하는 것의 중요성을 믿었습니다. 그의 방법은 학생들이 대화에 참여하고 목표 언어로 표현할 수 있도록 하면서 언어적 의사소통을 강조합니다.

- 빌딩 블록: Michel Thomas는 언어를 빌딩 블록이나 패턴으로 나눕니다. 이러한 패턴에는 문장 구조, 동사 활용, 문법 규칙이 포함됩니다. 이러한 구성 요소를 숙달함으로써, 학생들이 자신만의 문장을 구성하고 다양한 아이디어를 표현할 수 있도록 독려합니다.

- 교사 주도 교육: Michel Thomas 방법에서 선생님은 중요한 역할을 합니다. 선생님은 언어를 소개하고, 패턴을 설명하고, 학생들에게 학습 과정을 안내합니다. 강사는 단계별로 설명을 해주며 학생들이 적극적으로 참여하고 대응할 수 있도록 유도합니다.

- 반복과 강화: 반복은 Michel Thomas 방법의 핵심 요소입니다. 선생님은 학생들에게 학습을 강화하기 위해 단어, 구문, 문장을 반복하도록 촉구합니다. 끊임없는 반복은 학생들이 언어를 내면화하고 유창성을 기르도록 도와줍니다.

- 자신감 구축: Michel Thomas는 학습자들에게 자신감을 형성하는 것의 중요성을 강조했습니다. 패턴 기반 접근법을 사용하고 명확한 설명을 제공함으로써, 그는 목표 언어로 의사소통하는 능력에 대한 학생들의 자신감을 높이는 것을 목표로 했습니다.

- 판단 또는 수정 없음: Michel Thomas는 긍정적이고 비판단적인 학습 환경을 만드는 것을 믿었습니다. 학생들은 실수를 하는 것에 대한 두려움 없이 자신을 표현하도록 권장됩니다. 엄격한 문법 교정보다는 소통과 이해에 초점이 맞춰져 있습니다.

- 오디오 기반 자료: Michel Thomas의 교재는 주로 오디오 녹음으로 구성되어 있습니다. 학생들은 선생님의 설명을 듣고 학습을 강화하기 위해 고안된 상호작용적인 연습에

참여합니다. 오디오 형식은 반복, 모방 및 언어와의 적극적인 참여를 허용합니다.

• 어휘의 점진적인 도입: 많은 어휘로 학생들을 압도하는 대신, 미셸 토마스는 어휘를 점진적으로 소개합니다. 초점은 언어의 패턴과 구조를 이해하고 사용하는 것입니다.

마이클 토마스 방법
(Michel Thomas Method)

1 패턴 기반 학습   **2** 자신감 구축 중심

3 암기나 숙제 없음

Michel Thomas의 교수법은 실질적인 의사소통 기술과 학습자들에게 심어 주는 자신감에 대한 강조로 인기를 얻었습니다. 그의 접근법은 특히 초보자들과 비교적 짧은 기간에 대화를 유창하게 하려는 사람들에게 효과적입니다.

위에 소개한 학자들은 수많은 언어학자들 중 소수에 불과합니다. 우리가 주목할 것은 많은 언어학자들이 목표 언어인 영어

를 학습함에 있어 영어로 모든 수업이 이루어질 것을 강조한다는 사실입니다. 이러한 이유로 많은 어학원에서 영어로만 수업을 진행하는 것을 너무도 당연시하고 그런 환경을 제공하는 학원일수록 고급언어교육을 하는 것으로 광고를 합니다.

하지만 앞선 사례 등을 통해 보통의 우리 아이들은 이렇게 해서는 초기에는 간단한 문장 몇 마디 구사하는데 도움을 얻지만 시간이 지날수록 학자들이 원하는 범위까지 발달하기가 어렵다는 사실을 알 수 있습니다. 예외로 아이들을 아예 외국으로 보내서 그곳에서 생활하고 그곳에서 학교를 다니지 않는다면 말이죠. 영어를 단순한 의사소통의 방식으로만 여긴다면, 굳이 그렇게 시간과 노력을 들여서 하지 않아도 될 것입니다. 하지만 우리 아이들은 영어로 비즈니스를 하고 고급언어로 소통을 해야 하는 위치까지 올라갈 것이기에 그에 맞춰 학습을 시키려면, 조금 더 알찬 커리큘럼과 시스템이 절실히 필요합니다. 아이들의 시간이 어른들이 돈으로 환산하기 어려울 만큼이 자산이라고 필자는 생각하기에, 더 짧은 시간 안에 더 큰 영어학습의 발전을 목표로 아이들을 지도해야 한다고 주장하고 싶습니다.

Q18.

그렇다면 아이들에게 어떻게 영어를 가르쳐야 할까요?

저는 우리에게 영어라는 언어가 외국어라는 것을 인정하고 아이들이 모국어를 습득할 때처럼 감으로 익히기를 기다리며 학습을 시키기보다 정확하게 어떻게 우리말을 영어로 표현하는지, 영어로 쓰인 문장이 정확히 우리말로 어떻게 해석이 되는지를 알려 주고 이해 시켜서 연습을 통해 언어를 습득하게 합니다. 아이들을 가르치는 저 자신도, 그리고 이중언어 사용자로서 어떤 부분이 영어를 학습함에 있어 어려운지 알고 있고, 또 아이들을 지도하면서 여러 학습법들 중 가장 적은 시간과 노력으로 영어 실력을 빨리 늘리는 방법이 입증되었기에 이 정보를 다수의 학부모님과 영어학습법에 있어 아직도 갈등하고 있는 교

사 분들과 공유하고자 합니다.

아이들은 알파벳을 익히는 순간부터 정확한 발음으로 글자를 읽고, 각 글자가 가지고 있는 음가를 원어민 소리처럼 정확하게 알려 주고 학습을 시작해야 합니다. 사실 부모의 마음으로 시작하게 된 것이긴 한데, 우리 아이들이 파닉스를 익히기 위해 제시된 모든 단어들을 저는 암기하게 합니다. 이때 핵심은 파닉스 학습을 위한 것이기 때문에 무조건 입으로 외워야 한다는 사실입니다. 어릴 적 부모님들도 많이 경험하신 것이 일명 '깜지'라는 빽빽이 써서 단어를 암기하는 방식이 있는데요. 물론 교육학에서는 쓰면서 공부하는 것이 매우 효과적인 방법이라고 알려져 있지만, 언어만큼은 머리로 외워선 오래가지 않는다는 사실을 알게 되었습니다. 아이들이 입으로 단어를 학습했을 때, 마치 어린 시절 자전거를 타다가 성인이 되어 오랫동안 타지 않았지만 다시 타려고 했을 때, 자전거를 다시 탈 수 있는 것처럼, 아이들도 단어를 입으로 암기했을 때 쓰면서 외우는 시간대비 최대 10분의 1 정도로 소요시간이 감소를 했고, 입으로 외우는 단어들은 80% 이상 다시 기억해 내었습니다.

파닉스를 학습하면서 발음을 교정하고, 입으로 외운 단어들을 파닉스 규칙을 적용해서 쓰는 것을 배우며, 배운 파닉스를 적용하여 들리는 대로 단어들을 받아쓰기 하게 합니다. 이때 받아쓰기 단어들은 교재에는 나오지 않는, 그러나 들으면 쓸 수 있는 단어들로 파닉스를 이용하여 들을 수 있으면 바로 바로 단어들을 쓸 수 있도록 학습을 시킵니다.

아이들이 단어를 잘못 적으면 자신이 잘못 적은 그 단어도 반드시 음가대로 읽어서 어디에서 오류를 내었는지 확인하게 해 주고 선생님이 말했던 단어가 무엇이었는지 다시 알려 주고 쓰도록 유도해 주거나 쓰지 못하면 다시 가르쳐서 아이가 스스로 읽고, 그 단어를 다시 읽으면서 쓰도록 유도합니다.

파닉스 학습 방법

효과적인 기억
쓰기암기 보다 입으로 외우는것이 효과적

입으로 외우기
단어는 무조건 입으로만 외우기

단어 암기
파닉스에서 배운 모든 단어 암기

그래서 파닉스 단계에서는 단어 시험을 볼 때 최대 60~70개까지도 보게 됩니다. 이런 방식으로 읽고 쓰는 것을 익힌 아이들은 영어에 자신감을 얻게 되고 스스로의 발음이 아이들 귀에도 정말 외국어처럼 들리기 때문에 영어 자체를 읽는 것에도 큰 즐거움을 얻게 됩니다. 그래서 파닉스를 제대로 학습한 대부분의 아이들은 영어로 쓰인 간판들을 자꾸 읽으려고 해서 학부모님들도 매우 놀라워하시고 기뻐하시는 사례를 많이 볼 수 있었습니다. 이때 파닉스 기간은 대부분의 아이들의 경우 한 달 반에서 두 달이면 모든 파닉스 학습을 끝낼 수 있습니다.

Q19.

파닉스를 모두 제대로 익힌 우리 아이들은
그 다음 어떻게 영어 학습을 이어 가야 할까요?

앞서 중학교에 가서 드디어 영어를 배우게 됐다는 설렘으로
잠조차 이루지 못했다는 저의 이야기를 들려 드렸는데요. 아이
들도 그러지 않을까요? 많은 학원들은 이후에 간단한 문장들이
담겨있는 패턴식 리딩서로 학습을 합니다. 하지만 저는 영어로
말하기부터 연습시킵니다. 그렇다면 영어로 말한다는 것은 또
무엇을 의미할까요? 이것은 단순히 간단한 문장들을 외워서 하
는 것과는 다른 것을 뜻한다고 말하고 싶습니다. 제가 가르치는
학생들의 경우는 파닉스를 1개월 반 혹은 길게는 3개월 만에 학
습을 끝내게 되는데요. 이때 아이들이 암기한 단어는 무려 190
개가 됩니다. 그러다 보니 문장을 만들 수 있는 단어들을 어느

정도 가지고 있게 되는 셈이지요. 보통의 어학원에서는 아이들에게 즐겁게 챈트나 노래를 하고 교재에서 제시한 활동들을 통해 아이들이 영어를 즐겁게 학습하는 데 초점을 맞춥니다. 그러나 에스티어학원에선 아이들이 배운 단어들을 통해 문장을 만들고 말하게 연습시킵니다. 그리고는 리스닝 책을 통해 회화를 읽히면서 문장의 영역을 더 넓혀 학습하게 하고 있습니다. 그러다 보니, be 동사, 일반동사 의문문을 가지 문장들, 현재 진행형, 심지어 to부정사까지 아이들은 이런 문법요소들을 가지고 자신만이 문장을 만들어 갑니다.

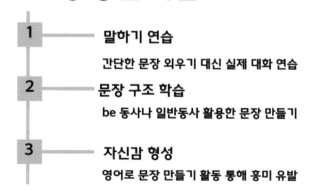

스피킹 중심 학습

1 ── **말하기 연습**
간단한 문장 외우기 대신 실제 대화 연습

2 ── **문장 구조 학습**
be 동사나 일반동사 활용한 문장 만들기

3 ── **자신감 형성**
영어로 문장 만들기 활동 통해 흥미 유발

"아이들이 이걸 이해하나요? 아직은 어린데 너무 어렵다고 느끼지 않을까요?"

라고 어머님들은 때로는 여쭤 보십니다.

아이들의 학습 능력

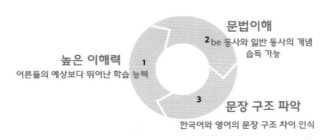

문법이해
2 be 동사와 일반 동사의 개념 습득 가능

높은 이해력
1
어른들의 예상보다 뛰어난 학습 능력

3
문장 구조 파악
한국어와 영어의 문장 구조 차이 인식

그럴 때마다 이 방식이 교육이 새로운 시도가 아닌 이미 10년 이상 아이들에게 적용해서 한 번도 실패해 본 적이 없는 학습법임을 설명드립니다. 저는 이 책을 읽으시는 독자님들 모두가 아셨으면 하는 것이 있습니다. 그것은 바로 우리 아이들이 어른들이 생각하는 것보다 똑똑하다는 사실입니다. 아이들에게 be 동사와 일반동사를 가르치는 이유는 영어의 문장 구조가 우리의 모국어인 한국어와 너무도 다르기 때문입니다. 예를 들어 '행복하다는 영어로 무엇일까요?'라고 질문하면 모든 아이들은

'happy'라고 외칩니다. 어른들은 어떨까요? 아마 어른들의 경우도 크게 다르지는 않을 것 같습니다. 행복하다는 영어로 만들자면 '행복한'이란 형용사와 '이다'라는 be동사가 합쳐져서 만들어진 말입니다. 그래서 행복한 아이라고 쓸 수 있는 것이지요.

이럴 때 아이들에게 '아니, 아니~ happy는 행복한 이지~~~다!까지 붙여야 행복하다이지'라고 말하며 아이들에게 행복하다는 '행복한'과 '이다'가 합쳐진 것이라고 설명해 줍니다. 그리고 아이들에게 "'이다, 입니다'가 영어로 뭐였어요?"라고 질문을 하면 아이들은 합창하듯 'be요'라고 대답을 합니다. 그리고 아이들에게 영어의 순서가 주어와 동사로 먼저 온다는 사실을 상기시키며 be happy가 행복하다임을 알려 줍니다. 그리고는 주어를 넣어서 "나는 행복합니다. 당신은 행복합니다. 그녀는 행복합니다."를 영어로 말해 보도록 유도합니다. 그러면 아이들은 또 합창하듯 "I am happy. You are happy. She is Happy."라고 큰 소리로 외칩니다. 이렇게 영어의 문법을 언어적 설명으로 들은 아이들은 집에서 엄마에게, 'Mom, I love you. You are pretty.'라고 말을 하기도 해서 또 엄마를 감동시키게 됩니다.

기본 문장 구조학습

1 — be동사

2 — 일반동사

3 — 의문문문

4 — to 부정사

　　처음 영어를 학습하면서 문장의 기본구조부터 언어로 학습을 한 친구들은 기본적으로 be동사, 일반동사, 의문사가 들어간 의문문, 조동사, to부정사의 명사적인 용법을 활용한 문장, 현재진행형, 전치사가 들어간 문장들을 배우고 활용해서 연습하고 리딩 반으로 올라가게 됩니다. 처음부터 문법을 활용해서 영작을 하는 이유는 문장을 머릿속에서 생각해 낼 수 있어야 그것이 입으로 나올 수 있기 때문입니다. 문장 학습 후 리딩반으로 아이들이 올라가면, 외국인 선생님들과 수업을 시작하게 됩니다. 새로운 아이들에 대해 우리 외국인 선생님들이 굉장히 놀라시는데요. 그것은 아이들이 선생님의 수업 내용들을 바로바로 알아

듣고, 질문에 단어가 아닌 문장으로 대답을 하기 때문입니다.

영문법의 실용적 접근

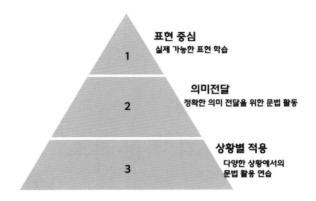

아이들이 선생님의 설명을 이해할 수 있고, 자신의 의견을 영어로 말할 수 있을 때, 외국인 선생님과의 수업도 의미 있어집니다. 제가 처음부터 아이들에게 문법을 이용해서 문장을 가르친다고 하면 많은 학부모님들이나 선생님들이 '아이가 어떻게 이해하고 따라가냐'고 의아해 하시는 것이 대부분입니다. 아이들이 잘 받아들일 수 있는 방법은 바로 영문법을 언어로 접근하기 때문입니다. 영문법하면 많은 어른들이 용어 중심으로 생각을 하기 때문에 가령 현재완료하면 have + p.p는 기억하지만 활용을 하지 못하시는 경우가 많습니다. 영문법은 언어를 표현하기 위해 우리가 문법을 공부하는 것이지, 과거처럼 시험 점수만을 위해서만 필요한 것이 아닙니다. 예를 들어 '나도 그 영화 본 적이 있어.'라고 표현하기 위해 '보다'라는 'see'를 '본적이 있다'라는 표현으로 'have seen'이라고 합니다. 즉 영문법을 모르면 내가 하고 싶은 말을 정확히 표현 할 수 없고, 상대방이 하는 말을 정확하게 이해할 수 없는 것입니다.

문장의 핵심 요소

문장 구조 원리
기본 문장 구조 이해와 활용

표현 중심 학습
실제 사용 가능한 표현 습득

풍부한 어휘량
다양한 상황에서 활용 가능한 어휘 학습

파닉스를 뗀 아이들은 회화를 바탕으로 한 문장의 기본 구조를 배워서 알고 있는 단어를 활용해서 영어로 문장을 만들고 그것을 입으로 뱉어내는 연습을 해야 합니다.

영문법은 그것을 따로 목표로 설정하고 공부해야 하는 부분이 아닙니다. 회화에서, 문장에서, 리딩 지문에서 영문법이 없다면, 우리는 올바른 문장을 만들 수도, 해석할 수도 말할 수도 없습니다.

그렇다면 영어 학습의 핵심은 무엇일까요? 패턴식 책이 아니라 문장 구조의 원리, 영문법이 가지고 있는 용어 중심이 아닌 표현 중심의 학습, 그리고 많은 어휘량. 이것이 영어 학습의 핵심입니다.

그 이후는 아이들이 외국인 화자로서 쌓아 올린 문해력과 문제들을 풀기 위해 제공되는 몇 가지 팁만 익힌다면 누구나 영어 시험에 고득점을 맞을 수 있게 됩니다. 여기서 가장 중요한 것은 누구나 영어로 말하고 소통할 수 있게 된다는 사실입니다.

학교에서 중학교 시절 영어시험에서 빵점을 맞았던 필자는 영어를 학습했던 학습자로서의 어려움을 누구보다 더 많이 경험했기에, 어떻게 효율적으로 진짜 영어를 할 수 있을까를 아이들을 지도하면서도 많은 연구를 해 왔습니다.

그리고 그 답은 완벽한 파닉스 학습 → 어휘증가 + 회화를 이용한 문장 만들기 그리고 리딩서를 이용한 문법 학습을 용어 위주가 아닌 의미, 표현 위주의 학습. 여기에 더해서 영어에 노출량을 높여 줄 수 있는 따라 읽기와 쉐도잉리딩입니다.

대한민국의 입시와 사회 분위기는 이제는 영어를 빼놓고 무언가를 할 수 있는 시대가 아닙니다. 고3 입시부터 우리 아이들은 영어뿐만 아니라 상식적인 면이나 인지적인 면에서 미국 교과 대학 2학년 수준이 되어야 고득점을 받을 수 있고, 대학 후에는 취업시장에서도 고급 영어를 구사할 수 있는 사람들을 인력으로 뽑고 있습니다. 일은 가르쳐도 되지만, 언어는 한순간에 되지 않으니까요.

필자는 어머님들이 아이들 학습을 무엇부터 시작할까요? 질문한다면, 먼저는 파닉스를 완전하게 끝내고 말할 수 있는 단어들은 철자의 원칙에 맞게 쓰게 해 주시라고 말씀드리고 싶습니다.

파닉스는 결코 가장 쉬운 영어 단계가 아니라 앞으로의 학습을 위한 가장 중요한 단계입니다.
재원생의 5%가 단지 동네 학원에서 타 학원의 공부양의 3/1

만큼 수업하고, 재원생의 90%가 4% 내 전국 1등급을 할 수 있었던 그 이면에는 무조건 파닉스를 완벽히 끝내고 출발한 것이 가장 큰 도움이 되고 있습니다.

파닉스를 제대로 학습하지 않으면 일주일에 단어 10개도 초등·중등의 아이들은 어려워합니다. 하지만 일단 파닉스를 제대로 학습한 친구라면 일주일에 40단어도 거뜬히 외웁니다.

여기에 우리나라 말과 영어의 차이점을 이해하고 예전에 문법적으로 가르쳐온 것들을 언어로 풀어서 연습시켰을 때 아이들은 영작을 충분히 하는 아이들로서 자신의 생각을 마음껏 펼칠 수 있습니다.

선생님들 역시도 영어에서의 과목을 나눠서 하기보다 통합적인 방식으로 접근했을 때, 아이들의 눈부신 성장에 뿌듯함을 느끼실 것입니다.

영어는 모국어가 아닙니다. 그러한 방식으로 성공한 아이들은 훨씬 많은 시간과 노력을 들여야지만 겨우 몇 %의 아이들이 성공합니다.

저는 다수가 영어를 어려워하지 않고 공부할 수 있는 방법과 노하우를 제공하기를 원합니다.

효과적인 영어 학습 방법

완벽한 파닉스 학습
기초 발음과 철자 규칙 습득

어휘 증가 + 회화 연습
실제 대화에서 어휘 활용

의미 중심의 문법 학습
리딩을 통한 실용적 문법 이해

노출량 증가
따라읽기와 쉐도윙 리딩 활용

교사가 스스로가 파닉스에 자신이 없다면, 혹은 맞는 것인지 잘 모르겠다면 음성학을 다시 펴서 공부해 보세요.

교사 스스로가 문법에 자신이 없다면 통사론을 공부해 보세요. 그리고 교사 스스로가 리딩 학습에 자신감이 없다면 수능 영어 해설을 참고해서 어떻게 모국어가 한국인 아이들에게 적용

될 수 있는지 방법을 찾아보세요.

아직도 저는 영어 단어 학습을 합니다. 아이들의 입시 성적이 올라가는 만큼 교사도 공부를 해야 제대로 가르칠 수 있으니까요.

고등 전에 준비된 아이들, 입시에서 성공할 수 있는 아이들은 초등 때 결정된다고 해도 과언이 아닙니다. 초등영어의 귀한 시간을 놓치지 않고, 아이가 관심이 없다고, 흥미가 없다고, 직무유기 하시는 안타까운 부모님이 되시질 않길 바랍니다.

교사의 역할과 준비

파닉스 전문성
음성학 공부를 통한 파닉스 지식 강화

문법 이해도
통사론 학습으로 문법 지식 향상

리딩 지도력
수능영어 해설 참고로 효과적인 리딩 지도

파닉스와 영어회화를 바탕으로 한 교재는 곧 출시 예정입니다.

궁금하신 사항은 이메일로 신청하셔도 됩니다.

아이들의 꿈에 날개를 달아줄 수 있는 에스티가 되도록 항상 노력하는 교육자가 될 것입니다. 그리고 제가 생각하는 영어에 대한 교육 철학이 부모님들이나 선생님들에게 다소라도 영향을 끼칠 수 있기를 바랍니다.